시작해!!
볼링

시작해!! ──
볼링 ──

곁에 두고 그냥 읽자, 볼링이 시작된다

서동휘 임결의 박민수 서혜진 정재욱 조신의 지음

bs

'운동을 책으로 배운다' 이 문장은 매우 아이러니하게 들립니다. 때로는 마치 누군가를 조롱하는 표현인 듯한 느낌마저 듭니다. 혹시 자전거나 자동차를 처음 운전하던 날, 함께 탄 옆 사람이 무슨 이야기를 했는지 그리고 주변의 상황은 어땠는지 기억이 나시나요? 눈앞에 보였던 여러 장면과 굳어버린 온몸이 더 또렷이 기억나지는 않으신가요?

숙련자가 지금까지 쌓아온 노하우know-how를 압축하고, 함축하고, 생략해서 전달한 '그냥 밟아', '그냥 돌려'라는 표현에 우린 궁금한 것이 많았습니다. 어떻게 밟아야 하는지 그리고 얼마나 돌려야 하는지 말이죠. 그래서 저희는 이 책에 볼링을 더욱 효율적이고 효과적으로 배우고, 가르치기 위한 'how'라는 요령을 과학적으로 담았습니다.

처음에는 천천히 이 책을 읽어 보시기를 추천합니다. 빠르지 않은 속도로 볼링 속에 숨어있는 과학적인 지식을 이 책을 통해 습득하시길 바라겠습니다. 역설적이게도 처음 속도가 느리면 더 큰 가속도(a)를 가질 수 있기 때문입니다. 그리고 그 노하우를 가지고 직접 레인에 서서 볼링공의 질량(m)을 느껴 보시길 바랍니다. 그러면 한 단계 도약한 여러분의 볼링 실력(F)을 느끼실 수 있을 겁니다. 마치 'F=ma' 라는 공식처럼 말이죠.

물론 골프 선수들의 스윙 폼, 테니스 선수들의 스트로크 폼도 플레이어의 체형, 성향, 심리 등에 따라 개인별로 차이가 있어 정해진 답이 없는 것처럼 볼링 또한 반드시 이렇게 해야 한다는 정답이 있지는 않습니다. 하지만 저희 저자들은 실력이 검증된 여러 볼링 선수나 지도자들이 공통적으로 중시하고 지적하는 부분을 알기 쉽게 정리하여 책에 싣고자 노력했습니다. 또한 플레이어의 유연함이나 근력에 따라 다른 코칭 방법들을 쉽게 정리하고자 노력하였습니다. 초심자분들께서 조금이나마 쉽게 볼링에 접근할 수 있도록 쉬운 설명과 사진, 그림, 표 등을 통해 배움에 대한 갈증을 해결하고자 했습니다.

특히 체육교육 전문가인 서동휘 저자는 인간운동과학의 메커니즘에 대한 연구들을 통해 어떻게 힘을 부상 없이 볼링공에 효율적으로 전달할 수 있는지에 대한 이론적인 도움을 바탕으로 볼링공을 투구하는 방법에 대한 설명을 풀어가고자 했습니다. 볼링은 심리적 요인이 최상의 퍼포먼스에 결정적인 영향을 미치는 스포츠입니다. 정재욱 저자는 볼링의 높은 스코어를 위한 체계적인 운동기술, 학습법뿐만 아니라 즐겁고 건강한 여가 활동을 위한 심신의 조화로운 발전 이루고자 운동학습 영역의 내용들을 담고자 하였습니다. 서혜진 저자는 인간의 효율적인 퍼포먼스 향상 및 운동 적응에 관한 연구를 바탕으로 볼링에서의 스포츠 심리학, 운동제어 영역 내용을 담으려 했습니다. 조신의 저자는 스포츠 과학 전반에 대한 내용을 학교 체육에서 적용할 수 있는 교육학적 접근 방식으로 담고자 했습니다. 임결의 저자는 다년간의 볼링 선수 활동 및 레슨을 해오며 볼링을 배워 나가는 입장에서 할 수 있는 실제적인 고민들을 같이 공감하고 팁들을 볼링에 녹여내어 볼링 실력향상 방법을 풀어내고자 하였습니다. 또한 현역 볼링선수인 박민수 선수의 투구 폼과 전략 등을 사진으로 책 곳곳에 담았습니다.

이 책을 집필하기 위해 볼링의 학습 및 운동학적 분석을 연구하여 정리하였고, 저희 저자들도 그동안 했던 고민들을 같이 풀어나갔기에 독자들의 볼링 실력도 더 올라갈 것이라 믿어 의심치 않습니다. 이런 노력들이 앞으로 볼링을 시작하거나 기존에 해왔던 볼링에서 진일보한 색다른 시도를 하실 분들에게 조금이나마 도움이 된다면 그 자체로 저희에게는 큰 의미로 다가올 것입니다. 이 책의 강점들을 통해 처음 볼링을 시작하고자 결심하신 많은 초심자들이 볼링에 더 효율적이고 편하게 입문하시길 바라며, 실력 향상에 도움이 되길 바랍니다. 집필에 도움을 주신 김선진 교수님, 임찬의 코치님, 박정은 회원님께 지면을 통해 깊은 감사를 표합니다.

Contents

Contents

Chapter 1

볼링이란?

01
볼링의 어원과 역사

— Origin & History —

원시 시대의 인류는 도구를 이용하여 신체를 보호하거나 생명을 보존하였다. 이는 자신을 위협하는 물체나 사냥감에 도구를 던지는 형태의 행위가 필수적이었고, 이것이 유희를 추구하는 인간 본능의 욕구와 결합하여 오락의 형태로도 존재하였을 것이다. 볼링에 대한 최초의 역사적 흔적은 영국 고고학자인 플린더스 페트리Flinders Petrie가 기원전 5200년경의 고대 이집트 고분에서 출토한 유물에서 발견됐다. 이 고분에서는 나무로 만든 볼과 핀이 발견되어 볼링과 유사한 행위가 있었음을 알 수 있고, 이것이 현대 볼링 경기의 원형이다.

고대 그리스의 역사가, 헤로도토스의 기록에서도 볼링을 찾아볼 수 있다. 약 기원전 50년경부터 로마 병사들 사이에서 비슷한 스포츠가 유행했다. 이는 돌을 다른 돌에 최대한 가까이 던지는 방식이었는데, 이는 이탈리아의 보체boccie 경기로 오늘날 잔디 위에서 행하는 론 볼Lawn ball 경기의 시초이다. 이것이 야외 볼링의 기원이 되었다. 중세에 들어서 볼링은 종교적 의식으로 행해졌는데, 케글링kegling은 13~14세기에 독일에서 신자들의 신앙심을 시험하는 도구로 사용됐다. 이것은 케겔kegel이라는 막대기를 악마로 간주하고 일정한 거리에서 둥근 물체를 굴려 쓰러뜨리는 것으로, 케겔을 쓰러뜨리면 신앙

— Origin & History —

심이 깊다는 평을 받았다고 한다. 위 의식이 점차 즐거움을 위한 놀이로 바뀌면서 '보울즈'라고 불리는 게임이 성행하게 됐다. 보울즈는 평평한 잔디 위에서 막대를 고정하고 조금 떨어진 곳에서 나무로 된 공을 굴려 제일 가깝게 접근한 사람이 이기는 게임이었다. 이 놀이가 발달하여 실내에서도 할 수 있도록 목재 레인이 등장하게 됐다.

이러한 볼링은 케글러이자 종교 개혁자인 마틴 루터^{Martin Luther}에 의해 역사상 처음으로 규칙이 정해져서 볼링의 기본적인 틀이 형성되기 시작했다. 처음에는 핀의 숫자가 9개인 나인핀 볼링으로 통일되고, 다이아몬드형 배열이었지만 음주, 도박 등의 사회적 문제가 발생하여 나인핀 볼링이 금지되기도 하였다. 이를 대체하는 경기로 10개의 핀을 이용 텐핀 경기가 개발되었고, 이는 현재의 텐 핀 경기의 시초이다. 1842년에 설립된 미국전국볼링협회^{NBA}는 핀의 배열을 정삼각형으로 바꾸었고, 경기장의 규격, 볼의 크기, 경기 규칙 등을 체계화시켰다. 이후 1895년에 미국볼링협회^{American Bowling Congress}가 창립되어 정기적인 경기가 시작됐다. 1952년에는 국제볼링연맹^{Federation International des Quillours: FIQ}이 결성되어 국제 시합과 지역 시합을 주관하게 됐다.

──────────────── **Origin & History** ────────────────

한국에서는 1952년 7월에 서울 용산 미군기지에 수동 6레인 볼링장이 생기면서 처음으로 볼링이 들어왔다. 일반 대중에게 최초로 공개된 볼링장은 1967년 10월에 문을 연 워커힐 호텔의 지하 볼링장이었다. 이곳은 당시 상류층의 전유물이었다. 1969년에 창립된 대한볼링협회는 1978년에 아시아볼링연맹에 가입하고, 1979년에 국제볼링연맹에 가입하여 국제적인 지위가 향상되었고, 국민 스포츠로 발전되기 시작했다. 이후 1984년 제 65회 전국체육대회부터 정식 경기 종목으로 채택됐다. 또한 1988년 제 24회 서울올림픽 경기대회에서 시범 종목으로 채택되었으나, 그 후 많은 논의가 있었음에도 올림픽 정식 종목으로 채택되지는 못했다.

BOWLING

최근 주요 세계대회 한국팀 성적

2019 25회 아시안 텐핀 볼링 챔피언십

MAN

GOLD	SILVER	BRONZE
-	-	**개인종합** 강희원 **2인조** 김준영 강희원

WOMAN

GOLD	SILVER	BRONZE
개인종합 이나영 **2인조** 이나영 백승자 **5인조 팀전** 이나영 외 5명	**개인전** 백승자 **2인조** 김문정 이연지 **3인조** 강수진 이연지 백승자 **마스터즈** 정다운	**3인조** 이나영 김문정 정다운 **마스터즈** 백승자

2019 세계 여자선수권대회

GOLD	SILVER	BRONZE
-	**2인조** 손혜린 이연지	**개인전** 이나영

2019 세계 장애인볼링선수권대회

GOLD	SILVER	BRONZE
2인조 이근혜 외 1명	**3인조** 이근혜 외 1명	-

02

볼링의 경기 방법과 규칙

— Method & Rules —

경기의 정의

한 게임은 10개의 프레임으로 구성되며, 스트라이크를 기록한 경우를 제외하고 1번 프레임부터 9번 프레임까지는 각 프레임 당 2회씩 투구하며 10번 프레임에서는 스트라이크를 기록하면 같은 레인에서 2회 더 투구한다. 이때 스페어를 기록하면 1회를 더 투구한다. 모든 프레임은 규정된 투구 순서대로 마친다.

경기 방식

더블레인 경기방식

* 한 경기는 인접한 2개의 레인을 한 쌍으로 치른다.
* 개인전, 2인조, 3인조, 팀전 참가자는 한 쌍의 레인에서 연속적으로 정해진 순서에 따라 레인을 교대하며 한 레인에서 한 프레임씩 각각 5프레임을 투구한다.

싱글레인 경기방식

* 한 경기는 하나의 레인에서 치른다.
* 개인전, 2인조, 3인조, 팀전 참가자는 연속적으로 정해진 순서에 따라 한 레인에서 한 프레임씩 10프레임을 투구한다.

Method & Rules

기타 경기방식

- 그 외 특정대회의 경기방식은 별도로 명시한다.

경기 종목

구분	개인전	2인조전	3인조전	4인조전	5인조전	개인종합	마스터즈
초등부	○						
중등부	○	○		○		○	
고등부	○	○	○		○	○	○
대학부	○	○	○		○	○	○
일반부	○	○	○		○	○	○
시니어부	○	○	○			○	

개인전

- 각 팀당 최대 6명(중등부 4명)의 선수 출전
- 한 블록 6게임
- 각 게임은 다른 페어의 레인에서 실시
- 같은 팀의 선수는 가능하면 둘-둘 한 쌍으로 구성

2인조

- 각 팀당 최대 3팀(중등부 2팀) 출전

Method & Rules

- 한 블록 6게임
- 각 게임은 다른 페어의 레인에서 실시

3인조

- 각 팀당 최대 2팀이 출전
- 한 블록 6게임 또는 3게임 두 블록에 6게임
- 각 게임은 다른 페어의 레인에서 실시
- 블록 사이 또는 경기 중에 선수교체 허용되지 않음
- 라인업의 변경은 블록과 블록 사이에만 허용

4인조

- 각 팀당 최대 1팀이 출전
- 한 블록 6게임 또는 3게임 두 블록에 6게임
- 각 게임은 다른 페어의 레인에서 실시

5인조

- 각 팀당 최대 1팀이 출전
- 한 블록 6게임 또는 3게임 두 블록에 6게임
- 각 게임은 다른 페어의 레인에서 실시
- 라인업의 변경은 블록과 블록 사이에만 허용

Method & Rules

개인종합

• 마스터즈를 제외한 전 종목의 점수의 합계로 순위 결정

• 팀당 최대 6명으로 구성

마스터즈

• 개인전, 2인조, 3인조, 5인조 모든 게임 점수를 합산해서 상위 10명이 토너먼트(라운드 로빈)에 진출하고 10개의 게임을 치른 후 최종 1위, 2위, 3위를 정하는 방식

＊ 4인조와 5인조의 경우 15분의 연습시간, 나머지 종목은 10분의 연습시간이 주어짐

경기 승패

• 점수가 높은 사람이 승리

• **동점 처리:** 1~3위 사이 동점은 공동선순위로 선언

• 1위 동률 있을 경우, 그 다음 순위자는 3위(동메달)

• 1위 3명이 동률이면 모두 금메달 수상. 2위, 3위에게는 별도의 메달 수여 없음. (마스터즈 진출 자격을 결정하는 개인종합 10위에서 동률이 발생할 경우, 동률이 깨질 때까지 원볼 롤오프 방식 대결)

Method & Rules

점수 기록

- 투구에 의해 넘어진 핀의 수가 득점으로 기록된다.
- 스트라이크를 기록한 경우를 제외하고 첫 번째 투구에 의해 넘어진 핀 수는 해당 프레임의 왼쪽 상단에 있는 작은 직사각형 안에 기록되며 두 번째 투구로 넘어진 핀 수는 오른쪽 상단의 직사각형에 기록된다.
- 만약 두 번째 투구에서 1핀도 넘어뜨리지 못했다면 채점표에 (−)로 표시된다.
- **오픈프레임**: 각 프레임에서 스플릿을 제외하고 두 번째 투구 후 10개의 핀을 모두 넘어뜨리지 못했을 경우이다.
- **스플릿**: 보통 핀 수에 동그라미로 표시하며, 첫 번째 투구 후 1번 핀이 넘어지고 남아 있는 핀의 배열로 2개 또는 그 이상이 남아있는 핀들 사이에 최소 1개 이상 핀이 넘어져서 남아 있는 핀과 핀 사이가 정규 배열 거리 이상일 때 (예 7-9, 3-10)
- **스페어**: 각 프레임에서 두 번째 투구로 첫 투구 후 남아있던 핀을 모두 쓰러뜨렸을 때, 이를 스페어라고 하며 해당 프레임의 오른쪽 상단에 (/)로 표시한다. 스페어 점수는 해당 득점 10점과 다음 투

Method & Rules

구로 넘어진 핀의 수를 가산하여 점수로 기록한다.

- **스트라이크**: 해당 프레임에서 첫 번째 투구로 10개의 핀을 모두 넘 어뜨리면 스트라이크이며 채점표 왼쪽 상단에 X로 표시한다. 스트 라이크 점수 기록은 해당 득점 10점과 다음투구(1회)로 넘어진 핀 수와 그 다음의 투구(2회)로 넘어진 핀의 수를 가산하여 기록한다.
- **더블**: 연속하여 2개의 스트라이크를 기록하면 더블이며, 첫 번째 스트라이크의 점수는 해당득점 10점에 두번째 스트라이크 득점 10점과 그 다음 투구로 넘어진 핀 수를 가산하여 점수로 기록된다.
- **트리플**(터키): 연속하여 3개의 스트라이크를 기록하면 트리플(터키) 이라고 부르며, 첫 번째 스트라이크의 점수는 30점이 된다. 최고 300점에 해당하는 퍼펙트게임을 기록하기 위해서는 연속적으로 12개의 스트라이크를 기록해야 한다.

유효득점

- 볼이 선수의 손을 떠나 파울라인을 통과하여 경기 구역 내로 진행 되었을 때 정식 투구이다.
- 모든 투구는 반드시 선수의 손으로 행해져야 한다.

--------- Method & Rules ---------

- 투구 동작 또는 투구 시 볼에 어떠한 장치도 결합하거나 부착할 수 없다.
- 선수가 절단수술로 손의 대부분 또는 일부를 잃었다면 볼을 그립 하거나 투구할 때 도움을 주는 특별한 장치를 사용 가능하다.

무효득점
- 볼이 핀에 도달하기 전 레인을 벗어나거나 거터 된 경우
- 볼이 후면 쿠션에 반동되어 핀테크 위로 다시 튀어나와 핀을 넘어 뜨린 경우
- 핀이 핀세팅 장치에 접촉되어 넘어진 경우
- 선수가 파울을 범했을 때 만약 무효득점이 발생한 경우 선수가 해 당 프레임에서 추가로 투구할 자격이 있다면 전체 또는 부정하게 쓰러진 핀들은 원래 서 있던 자리에 다시 배열

스페어 프레임
- **핀액션이 일어난 경우**: 두 번째 투구를 할 때 핀끼리 부딪혀 배열

기록 예시

1	2	3	4	5	6	7	8	9	10
X	X	X	7 2	(8) /	F 9	X	7 /	9 -	X X 8
30	57	76	85	95	104	124	143	152	180

AMF FRONTIER LANES

7300 EAST THOMAS RD · SCOTTSDALE

(480) 946.5308

1/30/2008   Score   7:15:20PM

Team Team 3		Lane 3			Game 1				1/30/2008	
Player	1	2	3	4	5	6	7	8	9	10	Total
BRIAN	- 8	⑦ -	- 8	7 1	- -	8 -	5 2	- 6	7 -	⑧ -	
Hdcp 0	8	15	23	31	31	39	46	52	59	67	67
JOHN	⑧ 1	6 -	9 -	- -	6 2	1 4	8 1	9 -	4 4	8 / 6	
Hdcp 0	9	15	24	24	32	37	46	55	63	79	79
TOM	X	X	7 /	9 /	9 /	X	7 /	X	9 /	X X 7	
Hdcp 0	27	47	66	85	94	114	134	154	174	201	201

Method & Rules

이 달라져도 재배열을 할 수 없다.

- **재배열 후 넘어진 핀:** 원칙적으로 재배열을 꼭 해야 한다. (예: 첫 투구 후 3개 남았으면, 재배열 후에도 같은 자리에 3개를 재배열해야 한다.)

데드볼

- 투구 후 하나 이상의 핀이 없는 것이 발견되었을 경우
- 선수가 잘못된 레인 또는 잘못된 순서로 투구하였을 때
- 이때 투구는 무효이며 핀을 다시 배열하여 선수는 다시 투구할 수 있다.
- 만약 잘못된 레인에서 개인별로 4프레임 이상 경기를 진행했다면 그 게임은 정정없이 완료하고 다음 게임은 반드시 정확한 레인에서 시작한다.

파울

- 투구 중 또는 투구 후 선수의 신체 일부가 파울라인에 닿거나 넘었을 경우
- 투구 수는 인정되나 해당투구는 0점 처리

Method & Rules

- 자동파울감지기 또는 심판이 확인
- 지도자나 상대편 선수가 발견하여 대회 임원이 확인하며, 공식점
  수 기록원의 발견, 대회 임원의 발견도 가능

03

볼링핀과 레인

--- **Pin & Lane** ---

핀의 형태

핀의 무게는 3파운드 6온스(약 1.3kg) 이상
3파운드 10온스(약 1.6kg) 이하로
규정되어 있다.

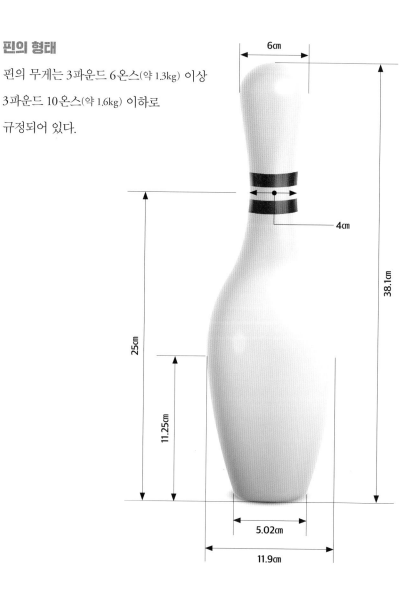

핀의 배열

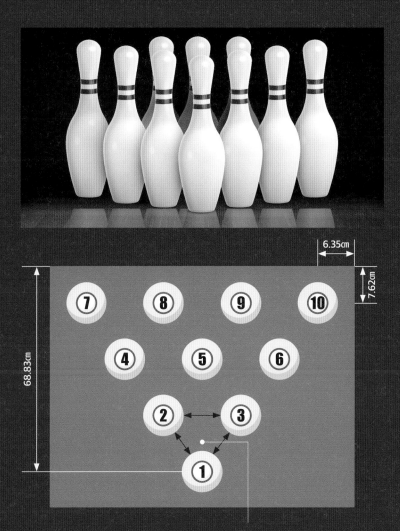

모든 핀의 표면에서 표면까지 18.38㎝, 모든 핀의 중심에서 중심까지 30.48㎝

--- Pin & Lane ---

레인의 형태

레인은 39쪽으로 이루어져있고, 5개의 쪽마다 스폿이 표시되어 총
7개의 스폿으로 묶여 있다.

레인 단면도

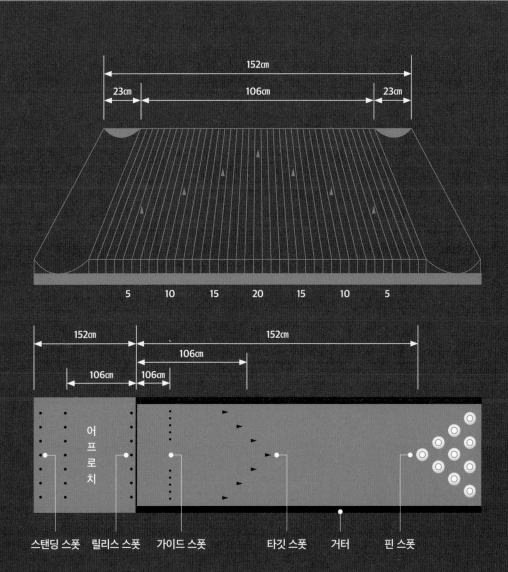

스탠딩 스폿   릴리스 스폿   가이드 스폿   타깃 스폿   거터   핀 스폿

레인 세부 구조

Lane
레인

실제로 공이 굴러가는 바닥 부분을 의미한다. 레인의 표면은 전후 좌우를 모두 수평으로 깎아서 평평하게 만들어져 있다.

Approach
어프로치

스텝이 이루어지는 공간으로 파울라인의 뒤 끝까지 최소한 4.57m(15ft)가 되지 않으면 안 된다. 현재 일반적인 볼링장의 경우에는 4.87m(16ft)이다.

Standing Spot
스탠딩 스폿

투구 동작을 하기 위해 최초로 서는 발의 위치를 잡기 위한 것이다.

Foul Line
파울라인

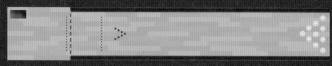

레인과 어프로치의 경계를 표시하는 검은 선으로 밟고 공을 던지면 파울이 되어 득점이 인정되지 않는다.

Gutter
거터

레인 양쪽에 평행으로 판 홈통으로, 여기에 떨어진 볼은 핀에 맞지 않고 피트로 굴러 들어간다. 간혹 볼링공이 거터에 빠진 이후에 다시 레인으로 올라오는 경우가 있는데 이러한 방법으로 핀이 넘어지면 점수로 인정하지 않는다.

Guide Spot
가이드 스폿

레인 위의 파울라인 앞 2.14m 지점에 좌우로 다섯 개씩 있는 둥근 표시이다. 이 스폿은 에임 스폿으로 유도하기 위한 것이다.

Aim Spot
에임 스폿

레인 위의 가이드 스폿보다 멀리 삼각형 모양으로 늘어선 7개의 표시이다. 이곳을 목표로 두고 투구하게 된다.

Ball Return
볼 리턴

피트에 떨어진 볼은 자동기계에 의해 바닥 밑에 있는 코스인 볼리턴을 통하여 리턴 덱까지 되돌아온다. 되돌아온 볼이 있는 곳을 리턴 덱(return deck)이라고 한다.

Pin Deck
핀덱

레인 끝에 핀을 세운 곳으로 핀의 위치를 늘 정확하게 하기 위한 표시가 되어 있다.

Release Spot
릴리스 스폿

릴리스 스폿과 스텐딩 스폿은 모두 일직선상에 있기 때문에 릴리스가 끝나는 지점이 스텐딩 스폿과 일직선으로 이뤄졌는지 확인할 수 있다.

레인 패턴의 종류

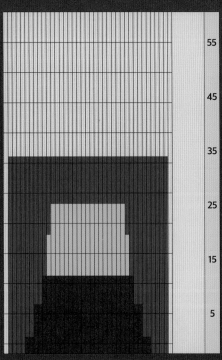

55

45

35

25

15

5

포워드(Foward)

리버스(Reverse)

콤바인드(Combined)

버프(Buff)

*36피트 정비의 예시

기름이 칠해져 있는 구간에 따라
레인패턴은 숏패턴, 미디움패턴,
롱패턴으로 구분된다.

Short Pattern
숏 패턴

기름이 칠해진 구간이 짧다.
36피트, 37피트, 38피트 정비가 있다.

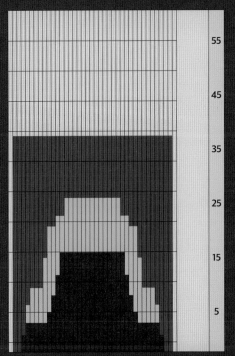

*39피트 정비의 예시

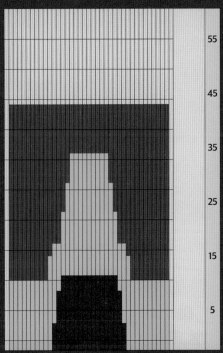

*44피트 정비의 예시

Midium Pattern
미디움 패턴

기름이 칠해진 구간이 중간 정도.
39피트, 40피트, 41피트 정비가 있다.

Long Pattern
롱 패턴

기름이 칠해진 구간이 길다.
44피트, 45피트 정비가 있다.

Chapter 2

볼링
준비물

01

옷차림

——————— **Wear** ———————

상의

- 유니폼 상단부터 하단까지 단추를 채우게 되어있는 칼라 티셔츠 유니폼은 하의 외부로 노출을 해도 되며, 칼라 티가 아닌 슬릿넥은 하의 안으로 집어넣어야 한다.
- 짧아서 경기 중 노출이 될 수 있다고 우려되는 유니폼은 선수 자신이 미리 판단하여 그렇지 않은 유니폼으로 준비해야 한다.
- 선수는 경기 중 수시로 본인의 복장 상태를 점검하여 규정에 위반되지 않도록 조치해야 하며 위반 시 복장규정에 의거 제재가 따를 수 있다.

하의

- 일반적으로 면바지와 벨트를 착용하되 여자의 경우 볼링치마도 허용된다.
- 본인이 판단하기 곤란할 경우에는 경기 전에 토너먼트 관리자에게 승인을 받는다.

02

볼링화

———— **Footwear** ————

볼링을 처음 접하는 사람은 일반 볼링장에서 대여가 가능한 하우스 슈즈를 사용하게 된다. 이후에 개인적으로 볼링화를 구매하게 될 때 이 볼링화를 개인 슈즈라고 한다.

하우스슈즈의 경우 왼발과 오른발의 바닥이 같은 재질로 만들어져 있다. 이는 오른발잡이와 왼발잡이의 구분을 두지 않고 제작되어 있기 때문이다. 개인 슈즈가 없더라도 볼링장에서는 미끄러지는 등의 부상 위험을 방지하기 위해 하우스슈즈를 대여해야 한다.

개인 슈즈의 경우 왼손잡이와 오른손잡이에 따라서 오른발과 왼발의 바닥이 다른 재질로 이루어져 있다. 볼링이 팔을 이용하여 투구한다고 생각할 수 있지만, 사실상 스텝과 슬라이딩 등이 포함된 전신운동이며, 이에 따라 슬라이딩이 잘 이루어지기 위해서 슬라이딩을 하는 발 쪽의 바닥이 특수한 재질로 만들어져야 효과적이다. 따라서 아래 그림처럼 오른손으로 투구를 하는 오른손잡이의 경우, 왼발이 슬라이딩을 하는 발이 되며, 오른발은 슬라이딩 직전에 지면을 강하게 밀어내는 역할을 하게 된다. 즉 오른발바닥(43페이지 사진)은 발의 앞쪽 부분이 고무 재질로 이루어져 강한 마찰력을 만들고 안정적인 착지를 만들게끔 제작된다. 이 부분을 트랙션 솔이라고 하며 교체가 가능

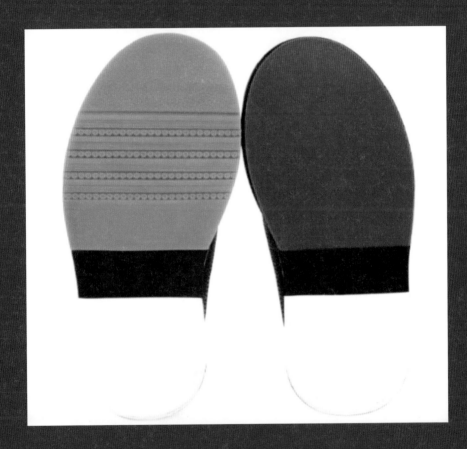

——————————— **Footwear** ———————————

하다.

왼발바닥 (43페이지 사진)은 발의 앞쪽 부분이 가죽천으로 이루어져 마찰력을 줄여주고 안정적인 슬라이딩(미끄러짐)을 만들어내게 끔 제작된다. 이 부분을 슬라이딩(슬라이드) 솔이라고 하며 교체가 가능하다. 볼링장에서는 습기가 차거나 바닥에 액체가 묻어있는 것을 주의해야 하는데 이는 슬라이딩 솔(가죽 천)이 손상되어 나타날 수 있는 부상(슬라이딩이 효과적으로 이루어지지 않음으로 인한 발목이나 무릎의 상해)을 방지하기 위함이다. 따라서 볼링화를 관리하는 곳은 습기가 없는 곳이어야 하고, 볼링레인을 벗어나는 일이 생길 경우 볼링화가 아닌 다른 신발을 신고 이동해야 한다.

03

볼링공

--- Ball ---

볼링공의 규격

볼링공의 규격은 아래와 같은 규정에 적합해야 한다.

- 공의 무게는 16파운드(약 7.2kg)를 초과할 수 없다.
- 원둘레는 27인치(68.58cm)를 초과할 수 없다.
- 직경은 일정해야 한다.
- 볼의 표면은 표기, 글씨, 볼을 잡기 위한 구멍을 제외하고 흠이 없어야 한다.

볼링공의 분류

볼링공은 아래의 3가지 특징으로 분류된다.

연성(soft ball)

강도 72~76듀로미터 이내로서 표면이 거칠고 기공이 많은 공이다. 레인과의 마찰이 강하여 많은 훅을 유발함으로 오일이 많이 분포되어 있는 레인에서 사용하면 효과적이다(오일이 많은 경우 회전이 덜 일어나기 때문이다). 따라서 강한 훅과 다이내믹한 핀 액션을 유발한다.

--- **Ball** ---

강성(hard ball)

강도 80듀로미터 이상의 볼로 광택이 나고 기공이 적어 레인과의 마찰이 적은 공이다. 주로 오일층이 얇거나 드라이한 레인에 적합하며 스페어 처리용으로 사용된다.

중성(neutrino ball)

연성볼과 강성볼의 중간적인 특성(77~79듀로미터) 우레탄, 플라스틱, 폴리 우레탄의 재질로 이루어져있다.

볼링공의 선택

하우스볼을 사용하는 경우

- 하우스볼을 사용할 경우는 손가락에 맞는 볼을 선택하여 손에서 볼이 빠지지 않도록 주의해야 한다.
- 볼을 선택할 때에는 체중에 알맞은 무게의 볼을 선택하여야 한다.
- 하우스볼의 경우 개인공을 지공한 경우보다 낮은 파운드를 사용하게 된다. 이는 손가락 두께나 엄지와 중약지 사이의 길이가 잘 맞지 않을 수 있기 때문에 무거운 파운드를 사용하게 될 때 부상을 입을 수 있기 때문이다.

──────────── **Ball** ────────────

개인 볼링공을 사용하는 경우

- 일반적으로 175cm에 70kg의 성인 남자는 처음으로 지공할 때 12~13 파운드의 공을 선택하는 것이 좋다. 근력이나 신장이 큰 경우 더 높은 파운드의 공을 사용한다. 이후에 공이 익숙해지면 파운드를 올려 나가는 방법이 있다.

- 160cm의 55kg의 성인 여자는 처음으로 지공할 때에 9~10 파운드의 공을 지공하는 게 좋다. 근력이나 신장이 큰 경우 더 높은 파운드의 공을 사용한다. 이후 공이 익숙해지면 파운드를 올려 나가는 방법이 있다.

- 엄지와 손가락 구멍 사이에 있는 웨이트 블록 위의 중심에 지공하는 대신에 웨이트 블록의 한쪽에 지공하는 것은 볼의 한쪽에 특히 더 많은 무게를 주기 위한 것이다.

- 익숙해진 후 체중에 따라 적절한 무게의 개인 볼링공을 선택하는 기준은 다음 표와 같다.

--------------------------------- **Ball** ---------------------------------

*체중별 최적의 공 무게

파운드	kg	체중
16	7.26	73이상
15	6.80	68~72
14	6.35	64~71
13	5.90	60~63
12	5.44	55~59
11	4.99	50~54
10	4.54	45~49
9	4.08	40~44
8	3.63	36~39
7	3.18	35이하

+ 초보자는 2~3 파운드 가벼운 무게의 볼을 선택하는 것이 좋다.

Writer's PICK

임결의's
PICK

스톰
패럴랙스 이펙트 소프트

덱스터
K.L-D

서동휘's
PICK

스톰
하이로드 시리즈

맥스
K-3, K-5

박민수's
PICK

스톰
스텔라 패럴랙스

맥스
K.L-D

04

보조도구

───────── **Support Material** ─────────

손목 보호대

흔히 '아대'라고 부르는 손목 보호대(리스트 서포트 밴드)는 볼링을 좀더 편안하게 할 수 있도록 도와주는 도구로 필수적인 것은 아니다. 구체적인 아대의 기능은 손목의 상하 각도를 조절해주는 것이다. 아대를 살펴보면 손목의 각도를 조절할 수 있는 장치가 있으며, 본인의 구질 및 볼링공의 회전 수를 아대로 조절 할 수도 있다.

아대 조절 방법

- **수직(상하) 조절 방법:** 2를 반시계방향으로 풀고 1을 좌우로 돌려 조절하면 3이 상하로 움직인다. 이렇게 적당히 각도를 조절한 후 다시 2를 시계 방향으로 돌려 움직이지 않게 고정한다.

- **수평(좌우) 조절 방법:** 2를 반시계방향으로 풀고 아대 헤드를 움직여서 4의 화살 표시를 원하는 위치에 이동한후 다시 2를 시계방향으로 돌려 움직이지 않게 고정한다.

아대의 종류

아대(장갑 아대)

손등 부분에 철판이 들어있는 부드러운 장갑이다. 이것은 상하좌우의 조절이 불가하다. 초심자가 손목이 꺾이는 것을 방지하기 위해 처음 배울 때 많이 사용한다. 크랭커 등의 투구를 하기 위해 손목의 커핑이 풀리지 않는 용도로 사용하기도 한다.

몽구스 아대

손가락까지 나오지 않은 짧은 아대로 딱딱한 재질로 이루어져 있다. 상하좌우의 조절이 가능하다. 이는 중지와 약지가 뒤로 꺾이는 것을 방지하여 볼링공의 리프팅이 가능하도록 해준다. 일반적으로 팔의 힘이 약한 여성들이 많이 사용하며, 백업볼 구질의 교정용으로도 사용이 많이 된다. 백업볼이 나오는 경우는 투구시에 손이 몸의 바깥쪽으로 뒤집어지는 것으로 (볼의 무게를 견디지 못하고 몸의 안쪽이 아닌 바깥쪽 방향으로 회전하는 경우) 아대로 교정이 가능 하다.

코브라 아대

검지 손가락부분까지 길게 보조하는 아대로 딱딱한 재질로 이루어져 있다. 상하좌우의 조절이 가능하다. 이는 볼링공의 직진성과 훅성을 보완한다. 몽구스아대보다는 엄지가 릴리스되는 타이밍이 조금 더 빠른 편이고, 공이 빠져나가는 릴리스 시 턴(팔을 몸 안 쪽으로 회전하는 것)을 편안하게 해주는 타입이지만 얼리턴현상(릴리스 시점 전에 팔이 몸 안 쪽으로 회전되어 타이밍이 맞지 않는 현상)이 나타날 수도 있다.

Support Material

퍼프볼

땀을 흡수하는 용도로 콩주머니와 같이 생겼다.

로진

파우더가 땀으로 인한 끈적임을 제
거하고 건조함을 유지시키는 데 반
해, 로진(송진가루)은 수분을 흡수하여
손에 점성을 생성시킴으로 미끄러짐
을 방지하는 제품이다.

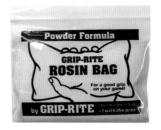

핑거 테이핑

* **타이밍 테이프**: 엄지나 중지, 그리고 약지의 손가락에 붙여 릴리스
  타이밍을 조절하는 제품으로 폭에 따라 25mm는 엄지용, 50mm
  이상은 주로 중지와 약지 겸용으로 사용된다.
* **인서트테이프**: 손가락에 직접 붙이는 것이 아니고, 볼링공의 엄지,
  중약지 홀에 붙여 타이밍 및 홀의 너비를 조절하는 용도이다.

Support Material

볼링공 타올

볼 표면의 이물질을 닦는 용도이다. 이는 볼
링공에 스크래치를 주지 않는 부드러운 재
질로 제작되어 있다. 일반적으로 매 투구마
다 묻은 오일을 닦아내면서, 오일이 볼링공
에 묻은 자국을 보고 자신이 원하는 방법으
로 공을 투구했는지 알 수 있다. 엄지의 구멍

이 중약지의 구멍 아래에 있는 위치에서 볼 때, 엄지 구멍의 왼쪽으
로 한손가락 정도 떨어진 부분과 중약지 구멍의 왼쪽으로 한손가락
정도 떨어진 부분에 오일띠가 잘 묻어 있는지 확인한다.

볼링공 클리너

볼표면의 오일과 이물질을 제거하는 액체이다. 보통
1~20 게임정도를 주기로, 볼링공에 묻은 오일만 제거하
는 느낌으로 가볍게 닦아야 한다. 클리너를 과도하게 사
용할 경우 볼링공의 성질에 변화가 나타날 수 있으므로
유의한다.

Chapter 3

볼링
준비하기

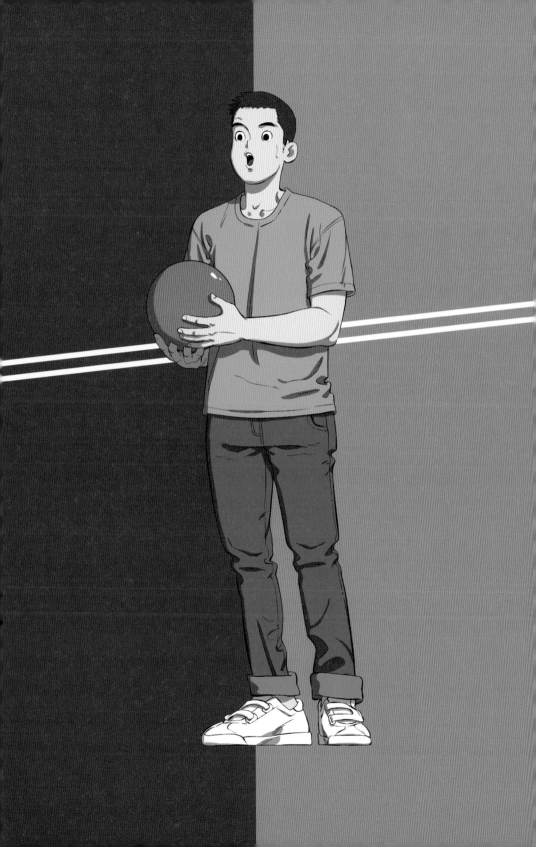

01
준비운동

--------------------- **Warm-up** ---------------------

볼링도 다른 스포츠와 마찬가지로 부상관리에 신경을 많이 써야 하
는 운동이다. 건강하기 위해서 하는 운동인데 다쳐서 건강을 오히려
잃게 되는 안타까운 경우들이 많이 있어서 실력이 늘수록 더 중요하
게 생각해야 하는 것이 준비운동이다. 볼링의 경우 특히 슬라이딩을
하면서 체중을 지지하는 한쪽 무릎에 큰 마찰이 발생하게 되는데, 김
성기 한의사의 말에 따르면 말에 따르면 무릎의 통증의 원인으로는
연골도 문제가 될 수 있지만 무릎 주위 근육이 잦은 스트레스를 받
아서 생기는 문제가 있다고 한다. 무릎 주위 근육을 풀어주는 운동으
로는 한 발씩 뒤로 젖혀서 당겨주는 동작을 추천하였다. 여러 부상의
위험을 최소화하기 위하여 손목 및 어깨부터 발목까지 풀 수 있는 간
단한 준비운동을 박민수 선수가 소개한다.

Warm-up

어깨운동

- 팔꿈치 좌우로 하여 당기기
- 팔꿈치 위로 뻗어 당기기
- 손등을 허리에 놓고 팔꿈치를 앞쪽으로 당기기
- 손등 명치에 놓고 반대손이 팔꿈치 잡고 고개는 왼쪽 잡은 팔꿈치를 오른쪽 귀로 붙여줌
- 벽에 기대고 팔을 앞으로 뻗고 턱으로 어깨를 밀어줌. 팔꿈치를 90도로 하고 레버 내리듯 손목을 밑으로 내리기

Warm-up

골반운동

- 두 다리를 좌우로 넓히고, 양손을 무릎 위에 얹히기
- 리듬에 맞추어 왼쪽 어깨와 오른쪽 어깨를 번갈아 눌러주기
- 작은 반동으로 골반의 가동범위 넓혀주기

허리운동

- 허리 크게 돌리기
- 앞으로 숙이기
- 뒤로 신전하기
- 좌우로 비틀기

종아리 당기기 운동

- 왼쪽 발목 잡고 종아리 당기기
- 오른쪽 발목 잡고 종아리 당기기

발목운동

- 안으로 젖히기
- 밖으로 젖히기

02
경기 매너

—————————— **Manner** ——————————

꼭 지켜야 할 것

- 볼링 레인 뒤의 어프로치를 벗어나는 경우 볼링화가 아닌 다른 신발로 갈아 신는다. 이는 볼링화의 재질 특성상 이물질이 묻게 되면 부상의 위험이 있고, 다른 사람들의 볼링화에도 이물질을 옮기게 될 수 있기 때문이다.

- 하우스볼이나 개인 볼링공을 사용할 때에 타인과 공이 섞이지 않도록 개인이 사용하는 볼링공만을 사용한다.

- 어프로치 레인은 좌우 한 곳에서 교차방식으로 사용한다. 이는 충돌 위험을 방지하고, 투구 시에 집중할 수 있게 하기 위함이다. 먼저 어프로치 레인이 올라온 사람이 투구하도록 하고, 동시에 올라온 경우 우측 레인에 올라온 사람이 투구하도록 양보하는 것이 관례이다. 또한 어프로치 레인에 너무 오래 서있지 않도록 한다.

- 볼링공은 어프로치 안에서만 다룰 수 있도록 하자. 볼링공의 무게로 인해 어프로치가 아닌 곳에서 볼링공을 다룰 경우 타인이나 기물에 손해를 끼칠 수 있다.

- 어프로치 레인에 올라와 볼링공의 투구를 준비 및 수행하는 사람에게 말을 거는 등의 불필요한 행동을 하지 않는다.

─────── **Manner** ───────

- 주변에 음료수나 땀 등을 흘렸을 경우 바로 닦아주도록 한다. 이는 이물질이 되어 볼링화에 묻을 경우 투구 시에 예상하지 못한 마찰력으로 인해 부상을 입을 수 있다.
- 볼링공을 던진다기보다 굴린다고 생각하며 투구하자. 볼링공을 던지다 보면 정확성도 낮아지고 이로 인해 볼링공이 날아가는 방향이 크게 벗어날 경우 옆 레인, 뒤쪽 대기석, 천장 등으로 날아가 큰 위험을 불러일으킬 수 있다.
- 사용한 하우스볼은 제자리에 놓는다. 대부분의 하우스볼은 무게(파운드)에 따라 분류해서 위치해 놓는다.
- 파울라인을 밟지 않도록 주의한다.

경기 전후 인사
- **경기 전**: 상대 팀 및 우리 팀원에게 인사 후 시작한다.
- **경기 중**: 실수로 인해 스트라이크를 하게 됐을 때 미안하다고 표현한다.
- **경기 후**: 테이블에서 선수들과 인사를 나누며 마무리한다.

03

기본자세와 어프로치

— Position & Approach —

볼링의 3요소

- 리듬(어프로치)
- 밸런스(신체균형)
- 타이밍(릴리스 타이밍)

서기

어프로치 구역의 가운데쯤 선다. 어프로치에 올라와서 인터벌(준비
동작)을 오래 하게 되면, 공의 무게로 인해서 근육이 긴장하게 되어
효율적이지 않다. 따라서 첫 번째와 두 번째 스텝을 근육의 경직도를
풀어주는 동작으로 활용한다. 이때 평상시 걸음처럼 스텝하는 것을
추천한다.

Position & Approach

그립

일반적으로 풀 핑거 그립, 세미 핑거 그립, 컨벤셔널 그립 등 세 가지 그립이 있다. 개인의 신체조건과 숙련도 그리고 투구의 특징에 따라 달라질 수 있지만, 세미핑거 그립을 추천한다. 그립은 중지와 약지를 한마디에서 한마디 반정도 넣고, 엄지는 끝까지 넣도록 한다.(세미 핑거 그립). 손가락을 짧게 넣으면(풀 핑거 그립) 손바닥에 피로감이 발생하기 쉽다. 손가락을 깊게 넣으면(컨벤셔널 그립) 손톱이나 손가락 부상을 입을 수 있다. 중지와 약지는 각각 한마디에서 한마디 반 사이까지 먼저 넣은 후(세미 핑거 그립), 엄지에 힘을 빼고 볼링공을 잡는다. 새끼 손가락은 약지와 가까이에 붙듯이 두고, 검지 손가락은 중지로부터 멀리 둔다.

| 컨벤셔널 그립 | 풀 핑거팁 그립 | 세미 핑거팁 그립 |

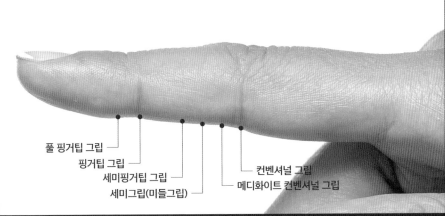

풀 핑거팁 그립 ─
핑거팁 그립 ─
세미핑거팁 그립 ─
세미그립(미들그립) ─

── 컨벤셔널 그립
── 메디화이트 컨벤셔널 그립

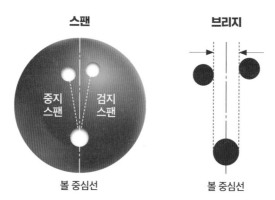

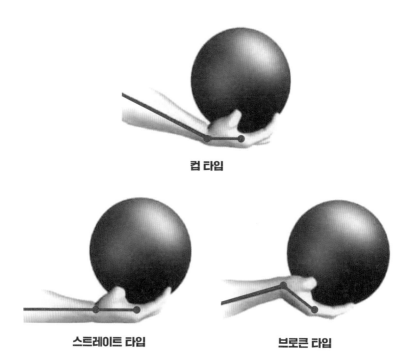

컵 타입

스트레이트 타입

브로큰 타입

─── Position & Approach ───

스팬과 브리지

- **스팬:** 지공을 하게 됨에 따라 엄지와 중지 사이의 간격을 중지 스팬이라고 하며, 엄지와 약지 사이의 간격을 약지 스팬이라고 한다.
- **브리지:** 지공을 하게 됨에 따라 중지와 약지 사이의 간격을 브리지라고 한다.

볼을 쥐는 방법

- **컵 타입:** 어떠한 타이밍으로도 릴리스가 가능하고, 손목이나 손가락의 힘이 강해야 하며, 강한 사이드 스핀을 구사 할 수 있다.
- **스트레이트 타입:** 항상 일정하게 손목을 곧게 유지하는 것으로 저자가 추천하는 방법이다. 이것이 가능하면 레인 컨디션에 따라 언제든지 손목의 형태를 바꿀 수 있으므로 볼의 회전을 조절할 수 있다. 이러한 특성으로 초보자나 중급 정도의 볼러는 이 타입을 완전히 숙달 후 다른 타입을 연습하는 것이 바람직하다.
- **브로큰 타입:** 악력이 약한 여성이나 청소년이 가장 많이 잡는 그립으로 회전수가 적고, 휘어지는 각도가 완만하여 잘 컨트롤 된다.

신체의 자세

오른팔

공을 들고 있는 팔꿈치가 옆구리에 닿을 정도로 든다. 선 자세에서 공을 높이 들지 않고, 몸의 앞쪽에 가슴과 허리 높이 사이에 위치한다. 오른쪽 팔꿈치가 오른쪽 옆구리 쪽에 고정할 수 있도록 한다. 오른손은 왼손이 살짝 공을 지지할 수 있도록 몸 안쪽으로 둔다. 검지손가락으로는 힘을 주지 않고, 공을 올려놓듯 두어 전완에 힘이 들어가지 않도록 쥔다.

왼팔

왼손은 가볍게 볼링공을 흔들리지 않을 정도로 지지해준다. 마지막 스텝에서 스윙할 때에는 왼팔은 옆으로 나란히 하듯이 어깨높이로 반듯하게 들고 좌우 균형을 잡는다.

시선

시선은 목표한 스폿(일반적으로 오른쪽에서 세 번째 점)에 고정하고, 공이 그 스폿을 지나간 후 시선을 (공이 스폿을 실제 지나갔는지 알기 위해서) 핀 쪽으로 옮긴다. 시선은 레인의 중간에 위치한 점(에이밍 스폿)들 중에 오른쪽에서 세 번째 점을 잡기부터 스트로크 이후까지 주시한다.

거리조절

어프로치 구역에 서서 오른손잡이 기준으로 투구했을 때, 오른발 시작으로 네 번의 스텝 후 스윙. 일반적으로 4스텝과 5스텝을 이용한다. 4스텝의 경우 오른발부터 앞으로 반듯하게 걸어가듯이 스텝을 한다. 첫 스텝이 나오는 직후 거의 동시에 공을 잡은 오른손이 진행방향으로 나오면서 투구 준비가 된다. 두번째 스텝이 나오기 전에 백스윙이 이루어진다. 세번째 스텝까지 백스윙이 이루어지고, 세번째 스텝에서는 마지막 네번째 스텝 시에 슬라이딩이 이루어질 수 있도록 오른발로 지면을 밀어준다. 세번째 스텝에서 네번째의 슬라이딩으로 이어지는 구간은 스케이트를 타듯이 전진 방향으로 이루어지면서 마지막 네번째 스텝의 왼발로 체중을 모두 지탱할 수 있도록 한다. 이때 왼쪽 무릎과 엉덩이 관절을 많이 구부려서 무게중심을 낮추되 상체는 세움으로 무게중심이 앞으로 쏠리지 않게 한다. 무게중심의 위치는 왼발 위에 있을 수 있도록, 왼발과 왼쪽 무릎, 왼쪽 상체가 수직으로 일직선이 될 수 있도록 슬라이딩이 이루어진다. 오른다리는 힘을 빼고 뒷방향으로 45도 틀어준다. 오른다리를 45도로 틀기 위해서는 오른쪽 골반을 뒤로 틀어야 한다. 스텝이 순차적으로 계단 내려가듯이 무게중심이 점차 내려오되 자연스럽게 걸어가듯 진행한다.

신체의 자세

무릎

일반적으로는 무릎과 발끝이 같은 선에 올 정도로 구부린다. 무릎이 약한 사람의 경우 무릎을 굽히는 것보다는 엉덩이 관절을 적절히 굽힌다.

허리

허리를 약간 기울여 자세를 낮추어 준비하고, 스텝 시에는 상체를 그대로 유지하다가, 스윙후에는 가슴 무릎, 발이 같은 선에 올 정도로 숙인다.

슬라이딩

슬라이딩을 왼발로 할 경우(오른손잡이) 그 직전 스텝인 오른발이 지면을 밀어주고(스케이트 타듯이) 슬라이딩 후 오른다리는 자연스럽게 착지발(왼발) 뒤로 45도 정도 뺀다.

타이밍

두 스텝에서 공의 무게를 이용하여 자연스럽게 다운 스윙에서 백스윙으로 넘어간다. 다운 스윙과 백스윙에서 왼손은 무게중심을 잡기 위해서 신체의 정면 방향으로 뻗는다. 백스윙 시에 오른팔은 외전이 되지 않게 유의한다. 만약 신체의 바깥쪽으로 공이 멀어지는 외전이 된다면 초보자에게는 공의 무게 때문에 스윙이 좌우로 흔들리게 된다. 스윙 시에는 왼손이 무게중심

을 잡기 위해 신체의 옆으로 뻗게 되며, 공이 왼쪽 발목 옆에 가까이에서 던져질 수 있게 한다. 볼링공은 공을 가볍게 그립을 한 후 엄지에 힘을 빼고, 착지발의 복숭아뼈 옆을 지나가면서 엄지를 자연스럽게 놓아준다. 엄지가 빠지는 순간 엄지가 11시방향으로 올려진다. 투구의 마지막에 중지와 약지가 순서로 공이 빠질 수 있도록 볼링공을 놓는다.

애프터 스윙

오른팔이 오른쪽 눈 옆을 자연스럽게 지나가면서 3회 정도의 반복스윙으로 마무리한다. 왼팔은 옆으로 나란히 한다. 스윙한 팔이 자연스럽게 오른쪽 눈 옆으로 올라왔다가 내려간다.

볼링공 닦기

수건을 잡고, 위로 볼링공을 올려놓은 후, 왼손으로 공을 돌리며 오일이 묻은 곳을 닦는다. 이때 오일이 묻은 위치로 자신의 투구에 대해 스스로 피드백을 받을 수 있다. 일반적으로 엄지 구멍이 아래에, 약지와 중지 구멍이 위쪽에 있다고 할 때, 엄지 구멍의 왼쪽에 손가락 한 마디가 떨어진 위치에 오일이 묻어 있어야 좋은 투구이다. 또한 약지 구멍의 왼쪽에 손가락 두 마디가 떨어진 위치에 오일이 묻어 있어야 좋은 투구이다.

71

신체의 자세

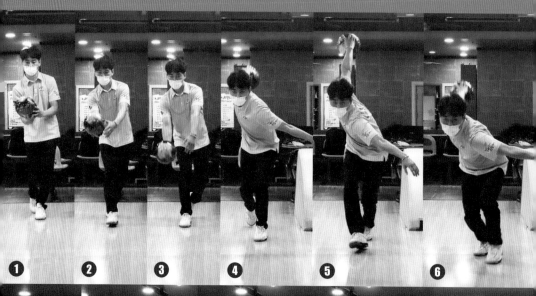

① ② ③ ④ ⑤ ⑥

① ② ③ ④ ⑤

【기본자세】 ❶ 서기 》 ❷ 푸시어웨이 》 ❸ 다운스윙 》 ❹ 백스윙

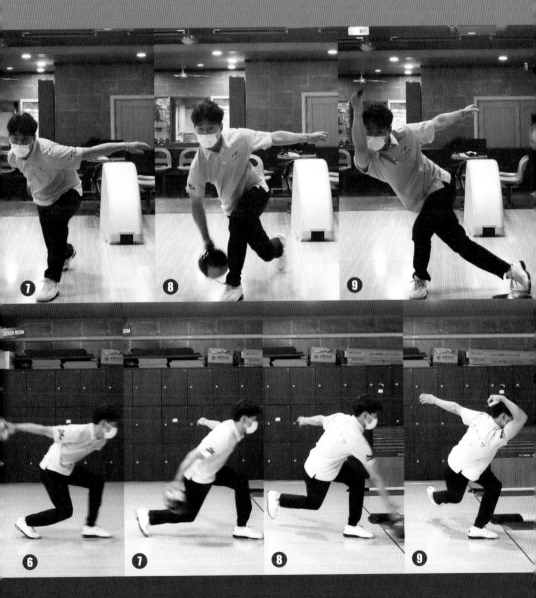

❺ 백스윙탑 》》 **❻** 스윙 》》 **❼** 슬라이딩 》》 **❽** 릴리스 》》 **❾** 애프터스윙

04

볼의 회전

Revolution

일반적으로 세미 롤러^{semi-roller}의 형태로 볼을 투구하는 것이 가장 좋다. 이것은 볼의 중심을 통과하지 않고 전체 원둘레 길이의 3/4 정도만 구르는 것이다. 볼의 회전이 가장 효과적이기 때문에 하이롤러라고도 부른다. 볼의 무게중심을 통과하는 것보다 원둘레 길이가 짧기 때문에 회전수가 많으며, 훅 볼이나 커브 볼을 구사할 때, 또는 효과적인 리프트를 했을 때 일어난다. 세미 롤러로 회전하는 볼이 핀을 쓰러뜨릴 때에 세미 롤러 공이 옆으로 회전하면서 핀에 부딪히고 핀이 위로 튀는 것을 방지하면서 핀을 옆으로 쓰러뜨리기 때문에 10개의 핀이 밑으로 퍼지면서 핀 액션이 일어난다. 풀 롤러^{full roller}는 볼의 중심을 통과하며 원둘레로 굴러가는 것으로 스트레이트 볼이나 리프팅을 하지 못하는 경우 발생한다. 이는 볼의 속도가 가장 빠르다. 스피너^{spinner}는 볼의 중심을 통과하지 않고 전체 원둘레 길이의 약 1/3이나 1/4 정도만 구르게 된다. 이는 손목 스냅을 강하게 주면서 리프트 할 때 발생하며, 10개의 핀을 강한 핀 액션으로 넓게 퍼뜨리며 쓰러뜨리지만 세미 롤러 보다 효과적이지 못한 경우가 많다.

풀 롤러 트랙

세미 롤러 트랙

스피너 트랙

풀 롤러 볼
밀면서 넘어진다

세미 롤러 볼
비스듬히 돌면서 넘어진다

스피너 볼
옆으로 돌면서 위로 튀듯이 넘어진다

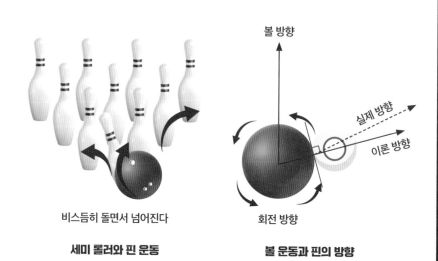

비스듬히 돌면서 넘어진다

세미 롤러와 핀 운동

볼 방향

실제 방향

이론 방향

회전 방향

볼 운동과 핀의 방향

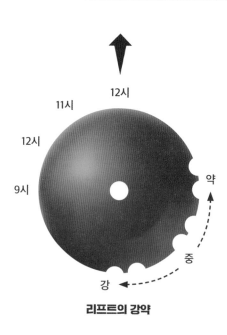

12시

11시

12시

9시

약

중

강

리프트의 강약

―――――――――――――― **Revolution** ――――――――――――――

리프트

볼의 회전은 리프트의 강도와 요령에 따라 결정된다. 리프트는 볼이 손을 떠나는 순간 릴리스할 때 손가락 끝에 걸려서 일어나는 현상이다. 릴리스를 위해 손가락 끝마디를 구부린 상태로 투구하면 자연히 리프트가 되며, 강한 리프트를 위해 손목 스냅을 사용하기도 하지만 부상의 위험이 있다. 또한 볼을 릴리스할 때에 엄지의 방향에 따라 리프트의 강도가 결정된다. 엄지가 12시 방향인 스트레이트 볼일 때 가장 강력한 리프팅이 되고, 9시 방향인 커브 볼일 때 가장 약하며, 10시 방향인 훅 볼일 때 중간이다. 너무 높은 위치에서 리프트 없이 떨어지면 바닥에 떨어지는 충격 때문에 볼의 회전이 감소된다. 따라서 강한 회전과 파괴력을 위해 볼링공을 알맞은 높이(무릎과 발목 사이)에서 리프트하여 릴리스해야 한다.

볼의 구질

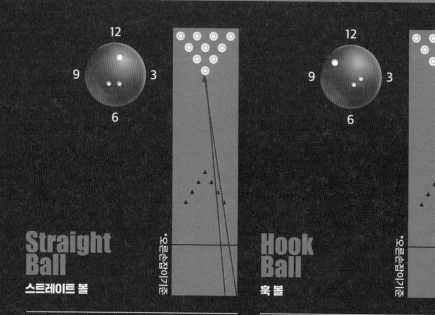

12
9   3
6

12
9   3
6

오른손잡이기준

오른손잡이기준

Straight Ball
스트레이트 볼

Hook Ball
훅 볼

릴리스된 볼이 핀에 도달할 때까지 앞으로 구르며 회전하는 모양. 투구된 볼이 휘어지지 않고 직선으로 핀을 향하여 굴러가는 형태이다. 볼의 회전이 정면으로만 이루어지기 때문에 핀에 부딪히는 힘이 부족하다. (선운동에너지만 있고, 각운동에너지가 없다.) 스트레이트 볼은 컨트롤이 쉽고 정확하기 때문에 초보자들에게 적합하다.

투구된 볼이 일직선으로 굴러가다가 핀에 가까워지면서 왼쪽으로 휘게 되는데 갈고리 형태로 핀의 1,3번에 파고드는 형태이다. 스트레이트 볼처럼 전진하다가 핀 앞에서 왼쪽방향으로 회전이 가해져 핀에 부딪히는 순간 강한 충격을 주게 되어 스트라이크 확률을 높여준다. 중급 이상의 볼러들이 많이 사용하는 구질

투구방법 --------------------------------

투구 동작의 마지막 단계인 릴리스에서 엄지손가락이 12시 방향으로 놓이게 하고 중약지로 리프팅 하면서 릴리스 및 애프터 스윙을 한다.

투구방법 --------------------------------

릴리스 되는 순간의 엄지 손가락이 10시 방향으로 놓이게 하고 중지와 약지로 리프팅하면서 릴리스 및 애프터스윙을 한다.

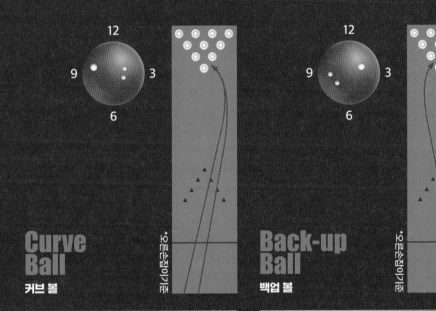

Curve Ball
커브 볼

투구된 볼이 활모양을 그리고 굴러가는 형태이다. 커브 볼은 공이 옆으로 회전(수평면에서의 회전)하는 힘이 앞으로 회전(전후면에서의 회전) 하는 힘보다 큰 편이다. 이 구질은 핀을 강타했을 때 볼링공이 볼의 회전 반대 방향으로 튀기면서 다른 핀을 넘어뜨리는 핀 액션이 크다. 볼을 컨트롤 하기가 어려워 초보자에게는 적합하지 않음

투구방법 --------------------------------
릴리스 되는 순간에 엄지 손가락을 12시 방향에서 9시 방향으로 틀어주는 동시에 중지와 약지로 리프팅 하면서 릴리스 및 애프터스윙을 한다.

Back-up Ball
백업 볼

투구된 볼이 훅 볼의 반대방향으로 굴러가는 구질이다. 볼의 릴리스 단계에서 엄지손가락의 방향이 몸의 안쪽으로 향하지 않고 몸 바깥 방향으로 놓인 상태에서 리프팅이 되어 나타나는 현상이다. 현재까지는 일반적으로 비정상적인 현상이라고 여겨진다. 백업 볼이 나타나는 볼러는 팔과 손가락의 힘을 길러서 릴리스 시 엄지의 방향이 몸의 안쪽에서 빠질 수 있도록 투구자세를 교정하게 된다.

79

볼의 구질

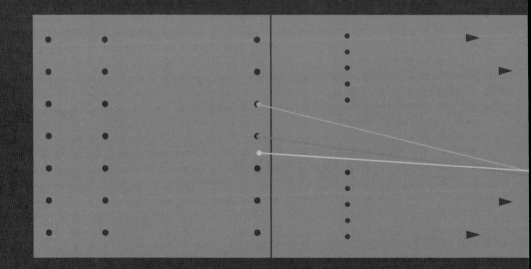

Stroker
스트로커

기본적인 볼링 투구법으로 거의 직선에 가까운 투구이다. 입사각이 작지만 스피드가 높으며 300rpm 이하로 던져진다.

Cranker
크랭커

강한 손목 힘과 전신의 근력이 요구된다. 입사각이 크지만 스피드가 낮다. 370rpm 이상으로 던져진다.

Tweener
트위너

스트로커와 크랭커의 중간 형태로, 입사각과 스피드가 보통 정도이다. 300~370rpm으로 던져진다.

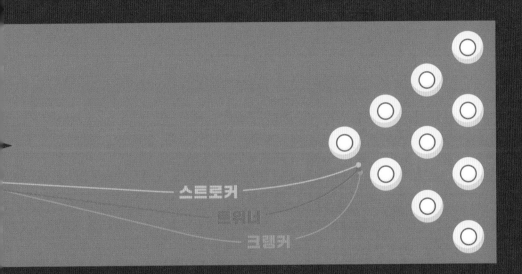

RPM
Revolution Per Minute

볼링에서 RPM이란 볼이 최초로 레인이 닿는 순간부터 첫 번째 핀을 맞출 때까지의 회전수를 말한다.

60초/볼이 최초로 레인에 닿는 순간부터 첫 번째 핀을 맞출 때까지의 시간(초)

ex) 1번핀에 맞을 때까지 회전수가 20번이고 걸린 시간이 3초라면?

RPM = 20번 X 60초/3초 = 400 RPM = 400 revolution/min

Chapter 4

스트로커
클래식

타구되는 목표는 1, 3존이며(오른손잡이 기준), 상대적으로 낮은 RPM(300이하)으로 직선에 가까운 투구를 요구하는 스트로크법이다. 보통 공은 13회를 돌기 전에 핀을 맞히고 입사각은 작은 반면에 볼링공의 투구 속도와 정확성이 높다.

스탠스
그립

Stance & Grip

❶ 스탠스   4스텝의 경우 파울라인의 바로 앞 5cm 지점에서 핀을 뒤로하고 돌아서 보통의 보폭보다 조금 큰 걸음으로 4보 반을 걸어가면 어드레스 위치의 포인트가 된다. 반보를 더하는 것은 최종 동작 때 발의 슬라이딩을 위한 것이다. 5스텝의 경우 5보 반을 걸어 스탠스 위치를 결정한다. 양발의 사이 선이 3번 스폿(15쪽)에 위치하도록 선다.

---

❷ 그립   중지와 약지를 각각 한마디에서 한마디 반 사이까지 먼저 넣은 후, 엄지에 힘을 빼고 볼링공을 잡는다. 오른손의 새끼 손가락은 약지와 가까이에 붙듯이 두고, 검지 손가락은 중지로부터 멀리 둔다. 세미핑거 그립을 잡는다.

---

❸ 팔   오른팔 팔꿈치를 옆구리에 댄다. 볼링공은 가슴 위치에 놓는다. 왼팔은 볼링공의 무게를 지지해서 오른팔에 부담감을 덜어준다. 왼손으로 볼링공을 받쳐 든다.

---

❹ 어깨   정면을 바라보는 것이 좋지만, 어깨가 한쪽을 떨어지거나 몸 안쪽으로 밀어 넣는 것은 좋지 않다.

---

❺ 허리   허리를 세워 인사하는 형태로 15도 정도 숙인다.

---

❻ 무릎   가볍게 구부린 정도로 선다. 10cm 정도 무게중심이 내려갈 정도로 구부린다.

---

❼ 무게중심   신체의 가운데에 무게중심이 오도록 선다.

---

❽ 시선   목표로 한 스폿(2번 스폿, 10쪽)을 본다.

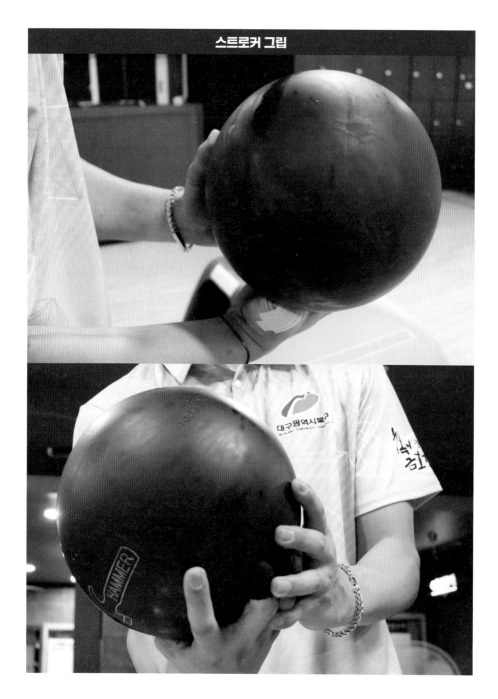

스트로커 그립

스트로커 서기

Basic Form
기본자세

연속동작

❶ 서기 》 ❷ 푸시어웨이 》 ❸ 다운스윙 》 ❹ 백스윙 》 ❺ 백스윙탑
❻ 스윙 》 ❼ 슬라이딩 》 ❽ 릴리스 》 ❾ 애프터스윙

89

Stroker
스트로커의 궤적

3스폿인 15쪽에 서서 2스폿(10쪽)을 목표로하여, 볼링공을 투구한다. 오일이 칠해지지 않은 부분인 브레이크 포인트에서 궤적의 변화가 잘 나타난다.

- -

A 볼링의 레인은 총 39쪽으로 이루어져있다. 오른손잡이 기준으로 오른쪽 맨 끝 쪽을 1쪽이라 하며, 얇은 선으로 제시되어 있다.

B 볼링장 레인에서 스탠딩 스폿은 총 7개로 나뉘어져있다. 이는 볼링장 레인에서 7개의 굵은 선으로 표시되어 있다. 오른손잡이 기준으로 왼쪽부터 첫째 줄을 1번 스폿이라고 한다. 따라서 가운데 스폿은 4번째 스폿이며, 가운데에서 바로 왼쪽에 있는 굵은 선은 5번째 스폿인데, 이는 -3 스폿이라고도 한다.

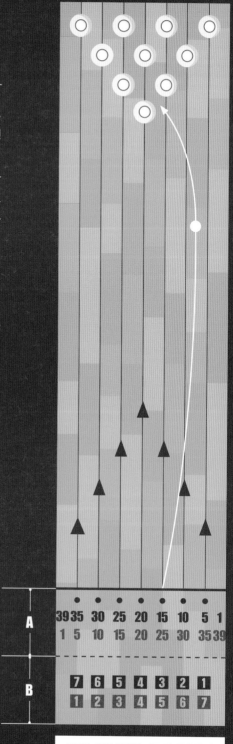

| | 오른손잡이 | | 왼손잡이 |

어프로치
스트로크

Approach & Stroke

어프로치 | 스텝은 계단 내려가듯이 조금씩 무게중심을 낮춘다.

푸시 어웨이

Push Away

❶ 스텝	4스텝의 경우 첫발이 나가면서 오른팔을 뻗는다. 5스텝의 경우 두 번째 스텝에서 오른팔을 뻗는다.
❷ 그립	세미핑거 그립을 쥔다. 초보자의 경우 엄지방향이 11시로 쥐어야 볼의 무게에 대한 부담감이 적다. 엄지는 가볍게 쥐고, 중지와 약지 는 그립감을 가지고 있기 위해 손가락을 한마디에서 한마디 반에 위치시킨다.
❸ 팔	오른팔은 앞으로 자연스럽게 공을 레인방향으로 가볍게 밀어주듯 이 뻗는다. 왼팔은 오른팔과 같이 따라간다.
❹ 어깨	볼링공에 무게에 따라가지 않고 처음 서기 자세에서의 자세를 유지 한다.
❺ 허리	숙여지지 않고 자연스럽게 각도를 유지한 채 앞으로 간다.
❻ 무게중심	걷는 발에 무게중심이 이동되도록 한다.
❼ 시선	목표로 한 스폿(2번 스폿, 10쪽)을 본다.

다운 스윙

Down Swing

❶ 스텝 4스텝 기준 첫발(5스텝은 두번째 발)에서 다운 스윙 시 발생하는 공의 무게를 오른쪽 허벅지로 느낀다.

---

❷ 그립 그립은 고정하되 흔들리지 않도록 유의한다.

---

❸ 팔 오른팔은 힘을 빼고 떨어지는 공의 방향을 자연스럽게 따라간다(중력에 맡기듯) 왼팔은 좌측 앞(10시)에 두고 전체적인 균형을 잡는다.

---

❹ 어깨 처지지 않고 수평을 유지한다.

---

❺ 허리 계속 인사한 상태, 15도 각도를 유지한다.

---

❻ 무게중심 볼링공을 흔들어도 무게중심은 하체에 유지된다.

---

❼ 시선 목표로 한 스폿(2번 스폿, 10쪽)을 본다.

백 스윙

Back Swing

❶ 스텝

4스텝의 경우 세 번째 스텝에서 이루어진다. 백 스윙 탑에서 세 번째 스텝이 이루어진다. 이는 슬라이딩 직전 발이기 때문에 오른발로 땅을 밀어줄 준비를 한다. 오른발끝과 오른쪽 무릎과 가슴이 수직으로 일치되게끔 백 스윙 탑이 이루어진다.

------

❷ 그립

흔들리지 않게 고정된 상태로 유지한다. 공의 무게를 원심력을 이용하여 손바닥으로 느낄 수 있게 쥔다.

------

❸ 팔

오른팔은 공의 무게를 이용하여 자연스럽게 백 스윙 탑을 만든다. 왼팔은 자연스럽게 앞쪽에 펴서 위치한다. 신체 중심을 맞춘다.

------

❹ 어깨

어깨에 무리가 가지 않을 만큼 백스윙을 잡는다. 수평을 유지한다.

------

❺ 허리

백 스윙 탑에서 45도 정도 숙일 정도로 내려온다.

------

❻ 무릎

오른 무릎이 슬라이딩 하기 직전이기 때문에 스케이트 타는 자세처럼 굽힌다.

------

❼ 무게중심

신체 중심의 딛는 발 쪽 하체에 위치한다.

------

❽ 시선

목표로 한 스폿(2번 스폿, 10쪽)을 본다.

포워드 스윙

Foward Swing

❶ 스텝

이는 슬라이딩으로 마지막 스텝이다. 레인에 미끄러지듯 바라보는 시선 방향 쪽으로 발을 밀어 넣어준다.

❷ 그립

엄지의 방향이 얼리 턴(일찍 돌아가는 현상)이 되지 않게 자연스럽게 악수하듯이 공을 손바닥으로 밀 준비를 한다.

❸ 팔

오른팔의 경우 공의 떨어지는 무게를 이용하여 자연스럽게 기다린다. 팔꿈치가 굽혀지는 현상은 과도한 힘으로 인한 것이다. 따라서 팔꿈치가 심하게 굽혀지지 않고 힘을 빼야 한다. 왼팔은 9시 방향으로 펴서 중심을 유지한다.

❹ 어깨

수평을 유지한다. 공을 스윙하는 축이 되어 수평을 유지한다.

❺ 허리

45도를 유지한다.

❻ 무릎

왼쪽 무릎은 스케이트 타듯이 자연스럽게 미끄러진다. 많이 굽혀져 있다. 오른다리는 킥을 충분히 밀어주고 자연스럽게 뒤로 빠진다.

❼ 무게중심

왼쪽 하체에 무게중심이 이동된다.

❽ 시선

목표로 한 스폿(2번 스폿, 10쪽)을 본다.

릴리스

Release

① 스텝
슬라이딩이 멈춰선 상태로 투구된다.

---

② 그립
손목이 꺾이지 않게 제로그립으로 유지한다. 엄지가 빠지면서 검지가 12시 방향으로 회전하듯 올라온다. 공이 왼쪽 발목의 복숭아뼈를 스치듯 지나간다.

---

③ 팔
오른팔은 공의 무게를 이용하여 편상태로 자연스럽게 스윙한다. 왼팔은 9시 방향으로 펴서 무게중심을 잡는다.

---

④ 어깨
수평을 유지한다.

---

⑤ 허리
45도를 유지한다.

---

⑥ 무릎
왼쪽 발끝과 왼쪽 무릎과 가슴이 수직이 되게 선다.

---

⑦ 무게중심
왼쪽 하체에 둔다. 앞으로 치우쳐지면 안된다.

---

⑧ 시선
목표로 한 스폿(2번 스폿, 10쪽)을 본다.

애프터 스윙

After Swing

❶ 스텝   착지 자세를 유지한다.

---

❷ 팔   오른팔은 자연스럽게 오른쪽 눈방향으로 스치듯 지나간다. 반복스윙을 2~3번 권장한다.

---

❸ 어깨   릴리스가 된 후 오른쪽 어깨를 자연스럽게 올린다.

---

❹ 허리   활모양이 되게 자연스럽게 편다. 팔과 손의 기술적인 면보다는 허리의 텐션을 이용하기 때문이다.

---

❺ 무릎   굽힌 상태로 유지한다.

---

❻ 무게중심   왼쪽 하체에 앞으로 쏠리지 않게 둔다.

---

❼ 시선   2번 스폿, 10쪽으로 공이 지나가는 것을 확인한다. 레인 컨디션에 따라 조절해야 한다.

Chapter 5

트위너

투구되는 목표는 1, 3존이며(오른손잡이 기준), 보통의 RPM(300이상~370미만)으로 곡선형 투구를 요구하는 스트로크법이다. 보통 공은 16~17회를 돌면서 핀을 맞히고 입사각은 보통이며 볼링공의 투구 속도는 스트로커에 비해 조금 느리다.

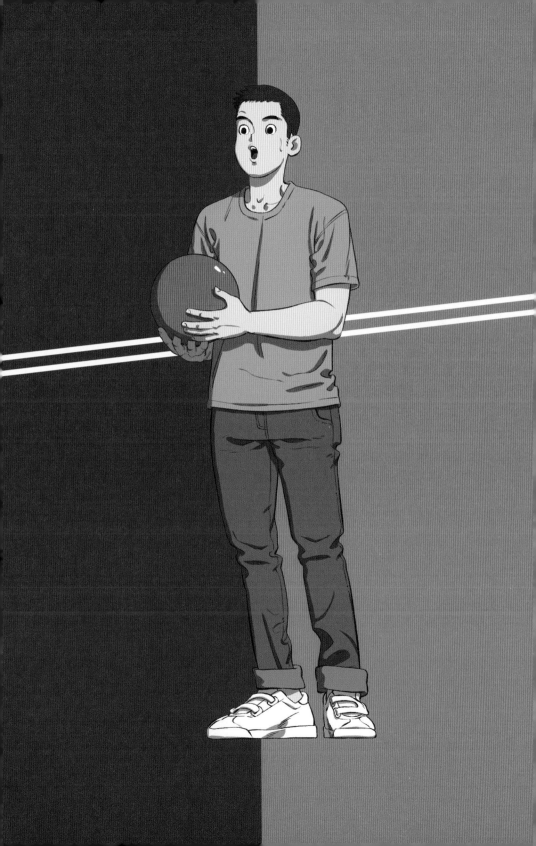

스탠스
그립

Stance & Grip

❶ 스탠스

4스텝의 경우 파울라인의 바로 앞 5cm 지점에서 핀을 뒤로하고 돌아서 보통의 보폭보다 조금 큰 걸음으로 4보 반을 걸어가면 어드레스 위치의 포인트가 된다. 이때 반보를 더하는 것은 최종 동작 때 발의 슬라이딩을 위한 것이다. 5스텝의 경우 5보 반을 걸어 스탠스 위치를 결정한다. 양 발 사이의 선이 4번과 5번 스폿(20쪽 센터와 25쪽 사이)에 위치하도록 선다. 레인의 컨디션에 따라서 조절한다.

❷ 그립

세미핑거 그립을 잡는다.

❸ 팔

오른팔 팔꿈치를 옆구리에 댄다. 볼링공은 내 가슴위치에 놓는다. 왼팔은 볼링공의 무게를 지지해서 오른팔에 부담감을 덜어준다. 왼손으로 볼링공을 받쳐 든다.

❹ 어깨

정면보다 오른쪽으로 어깨 방향을 연다. 어깨가 한쪽을 떨어지거나 몸 안쪽으로 밀어 넣는 것은 좋지 않다.

❺ 허리

사람마다 다양하지만 일반적으로 허리를 세워 인사하는 형태로 15도 정도 숙인다.

❻ 무릎

가볍게 구부린 정도로 선다. 10cm 정도 무게중심이 내려갈 정도로 구부린다.

❼ 무게중심

신체의 가운데에 무게중심이 오도록 선다.

❽ 시선

목표로 한 스폿(3번 스폿, 15쪽)을 본다. 가상의 스폿인 브레이크존(기름이 없는 부분으로 마찰이 일어나서 공이 잘 휘어지는 구간)을 7쪽 정도로 생각한다.

트위너 그립

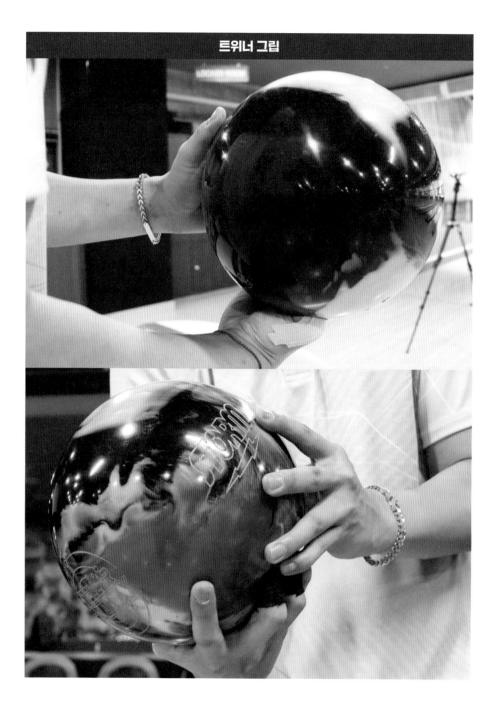

트위너 서기

Basic Form
기본자세

연속동작

❶ 서기 》 ❷ 푸시어웨이 》 ❸ 다운스윙 》 ❹ 백스윙 》 ❺ 백스윙탑

❻ 스윙 》 ❼ 슬라이딩 》 ❽ 릴리스 》 ❾ 애프터스윙

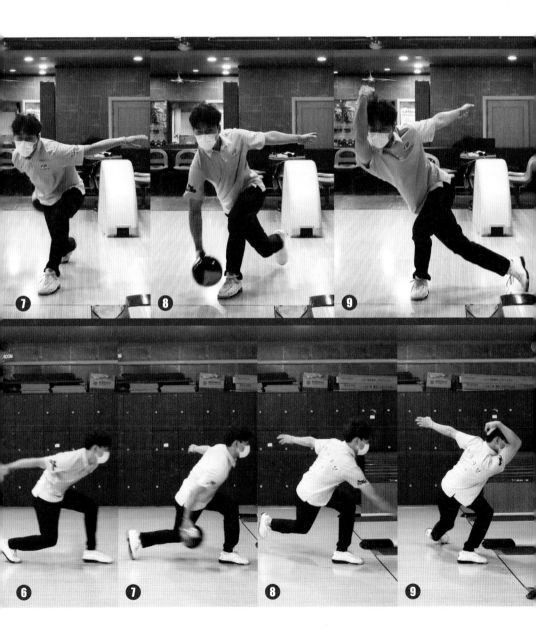

Tweener
트위너의 궤적

트위너 볼링공의 이동경로로 4스폿과 5스폿 사이에서서 3번 스폿을 목표로하여 투구한다. 오일이 발라지지 않은 곳인 브레이크 포인트에서 볼링공 궤적의 변화가 잘 나타난다.

- -

A 볼링의 레인은 총 39쪽으로 이루어져있다. 오른손잡이 기준으로 오른쪽 맨 끝 쪽을 1쪽이라 하며,얇은 선으로 제시되어 있다.

B 볼링장 레인에서 스탠딩 스폿은 총 7개로 나뉘어져있다. 이는 볼링장 레인에서 7개의 굵은 선으로 표시되어 있다. 오른손잡이 기준으로 왼쪽부터 첫째 줄을 1번 스폿이라고 한다. 따라서 가운데 스폿은 4번째 스폿이며, 가운데에서 바로 왼쪽에 있는 굵은 선은 5번째 스폿인데, 이는 -3 스폿이라고도 한다.

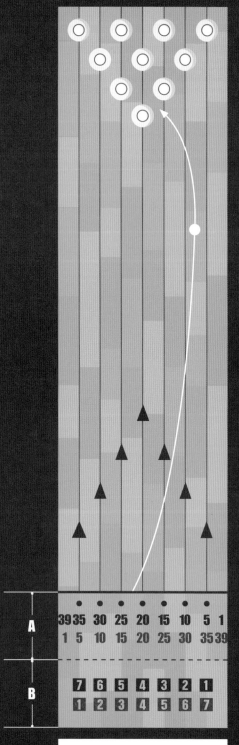

A	39 35	30	25	20	15	10	5	1
	1 5	10	15	20	25	30	35 39	
B	7	6	5	4	3	2	1	
	1	2	3	4	5	6	7	

■ 오른손잡이　■ 왼손잡이

어프로치
스트로크

Approach & Stroke

어프로치 | 스텝은 계단 내려가듯이 조금씩 무게중심을 낮춘다.

푸시 어웨이

Push Away

❶ 스텝

4스텝의 경우 첫 발이 나가면서 오른팔을 뻗는다. 5스텝의 경우 두 번째 스텝에서 오른팔을 뻗는다.

----

❷ 그립

세미핑거 그립을 쥔다. 트위너의 경우 중급자 이상으로 엄지방향이 12시로 쥐고 볼의 무게를 손바닥으로 많이 지지 한다. 엄지는 가볍게 쥐고, 중지와 약지는 그립감을 가지고 있기 위해 손가락을 한마디에서 한마디 반에 위치시킨다(세미핑거 그립).

----

❸ 팔

오른팔은 앞으로 자연스럽게 공을 레인방향으로 가볍게 밀어주듯이 뻗는다. 왼팔은 오른팔과 같이 따라가준다.

----

❹ 어깨

어깨를 오른쪽으로 열어 놓은 상태를 유지하면서, 볼링공에 무게에 따라가지 않고 처음 서기 자세에서의 자세를 유지한다.

----

❺ 허리

숙여지지 않고 자연스럽게 각도를 유지한 채 앞으로 간다.

----

❻ 무게중심

걷는 발에 무게중심이 이동되도록 한다. 4스텝의 경우 첫발에서 푸시 어웨이가 나타나고, 5스텝의 경우 두번째 발에서 푸시 어웨이가 나타난다.

다운 스윙

Down Swing

❶ 스텝   4스텝 기준 첫 발(5스텝은 두 번째 발)에서 다운 스윙 시 발생하는 공의 무게를 오른쪽 허벅지로 느낀다.

❷ 그립   그립은 고정하되 흔들리지 않도록 유의한다.

❸ 팔   오른팔은 힘을 빼고 떨어지는 공의 방향을 자연스럽게 중력에 맡기듯 따라간다. 왼팔은 좌측보다 앞(11시)에 두고 몸을 열어서 전체적인 균형을 잡는다.

❹ 어깨   어깨가 열린 상태에서 팔만 다운 스윙을 하고, 어깨와 오른팔이 몸의 등 뒤로 돌아가지 않게 유의한다.

❺ 허리   계속 허리를 15도 정도 굽힌 인사한 상태를 유지한다.

❻ 무게중심   볼링공이 진자 운동을 할 때에도 무게중심은 하체에 유지된다.

❼ 시선   3번 스폿, 15쪽을 바라본다.

백 스윙

Back Swing

❶ 스텝

슬라이딩이 멈춰선 상태로 투구된다. 이때 슬라이딩을 길게 한다기 보다는 땅에 발을 찍는다는 느낌으로 슬라이딩을 한다. 이는 발을 지면에 확실히 착지하기 위함이다.

---

❷ 그립

커핑했던 손목을 풀어주면서 엄지손가락이 12시 방향에서 10시 방향으로 로테이션한다. 공이 왼쪽 발목 복숭아뼈를 스치듯 지나간다.

---

❸ 팔

오른팔은 공의 무게를 이용하여 편 상태로 자연스럽게 스윙한다. 왼팔은 9시방향으로 펴서 무게중심을 잡는다.

---

❹ 어깨

1시 방향으로 어깨를 열었다면 그 상태를 유지한다.

---

❺ 허리

45도를 유지한다. 상체는 착지한 허벅지와 가깝게 각도를 조절한다.

---

❻ 무릎

왼쪽 발끝과 왼쪽 무릎과 가슴이 수직이 되게 선다.

---

❼ 무게중심

왼쪽 하체에 둔다. 앞으로 치우치면 안된다.

---

❽ 시선

목표로 한 스폿(3번 스폿, 15쪽)을 본다. 머리를 들거나 숙이지 않는다.

포워드 스윙

Foward Swing

❶ 스텝

이는 슬라이딩으로 마지막 스텝이다. 레인에 미끄러지듯 바라보는 시선 방향 쪽으로 발을 밀어 넣는다.

---

❷ 그립

엄지의 방향이 12시를 가리키면서 손목을 자연스럽게 커핑(전완근 쪽으로 15도 정도 굴곡)한다.

---

❸ 팔

오른팔의 경우 공의 떨어지는 무게를 이용하여 자연스럽게 기다린다. 왼팔은 10시방향으로 펴서 릴리스 시에 9시 방향으로 자연스럽게 이동된다. 어깨를 이용하여 왼팔을 이동하지 않도록 한다.

---

❹ 어깨

1시 방향으로 열었다면 그대로 유지할 수 있도록 한다. 어깨는 공을 스윙하는 축이 되어 유지한다.

---

❺ 허리

45도를 유지한다.

---

❻ 무릎

왼쪽 무릎은 스케이트 타듯이 미끄러진다. 많이 굽혀져 있다. 오른다리는 킥을 충분히 밀어주면서 무릎이 바닥 방향으로 눌러준다고 생각한다. 오른쪽 무릎이 바닥을 스칠 듯이 눌러준다고 생각해야 오른쪽 다리가 뒤가 아닌 15도 정도로 빠질 수 있다. 오른쪽 다리가 뒤로만 빠지게 되면 포워드 스윙시에 볼링공이 허벅지에 부딪힐 수 있다.

---

❼ 무게중심

왼쪽 하체에 무게중심이 이동된다.

---

❽ 시선

목표로 한 스폿(3번 스폿, 15쪽)을 본다.

릴리스

Release

❶ 스텝

4스텝의 경우 세 번째 스텝에서 이루어진다. 백 스윙 탑에서 세번째 스텝이 이루어진다. 5스텝의 경우 세 번째~네 번째 스텝에서 이루어진다. 백 스윙 탑에서 네 번째 스텝이 이루어진다. 이는 슬라이딩 직전 발이기 때문에 오른발로 땅을 밀어줄 때 백스윙 탑(정점)이 나타나야 한다. 오른발끝과 오른쪽 무릎과 가슴이 수직으로 일치되게끔 백 스윙 탑이 이루어진다.

❷ 그립

흔들리지 않게 고정된 상태로 유지한다. 공의 무게를 원심력을 이용하여 손바닥으로 느낄 수 있게 쥔다.

❸ 팔

오른팔은 공의 무게를 이용하여 자연스럽게 백 스윙 탑을 만든다. 왼팔은 앞쪽인 11시 방향으로 펴서 위치한다. 신체 중심을 맞춘다.

❹ 어깨

어깨가 열려 있기 때문에 과하지 않게 백스윙을 잡는다. 볼링공의 진자 운동으로 발생하는 힘만큼만 백스윙을 한다.

❺ 허리

백 스윙 탑에서 클래식보다 허리가 허벅지랑 가깝게 숙인다.

❻ 무릎

오른 무릎이 슬라이딩 하기 직전이기 때문에 강한 추진력을 위해서 땅에 닿을 정도로 굽힌다.

❼ 무게중심

신체 중심의 딛는 발 쪽 하체에 위치한다.

❽ 시선

3번 스폿(15쪽)을 바라본다.

애프터 스윙

After Swing

❶ 스텝

착지 자세를 유지한다. 내가 처음 목표한 착지점과 실제 착지점이
일치하는지 확인한다.

❷ 팔

오른팔은 자연스럽게 오른쪽 눈 방향으로 스치듯 지나간다. 반복
스윙을 2~3번 권장한다. 반복스윙은 오른쪽 옆구리를 팔이 스치듯
이 수행한다.

❸ 어깨

1시 방향으로 열려있던 어깨로 인해 몸이 돌아가지 않도록 확인한다.

❹ 허리

허벅지를 가까운 상태로 유지된다.

❺ 무릎

왼쪽 발끝과 왼쪽 무릎과 가슴이 수직이 되게 선다. 무릎을 많이 굽
힐 수 없는 경우에는 상체를 더욱 숙여 각도를 유지한다.

❻ 무게중심

왼쪽 하체에 중심에 두되 앞으로 쏠리지 않게 둔다.

❼ 시선

3번 스폿, 15쪽으로 공이 지나가는 것을 확인한다. 레인 컨디션에
따라 조절해야 한다.

Chapter 6

크랭커

타구되는 목표는 1, 3존이며(오른손잡이 기준), 높은 RPM(370이상)으로 트위너보다 더 큰 곡선형 투구를 요구하는 스트로크법이다. 보통 공은 18회 이상을 돌면서 핀을 맞히고 입사각은 크다. 릴리스 전에 커핑을 만들고 풀어주며 높은 회전량을 만드는 자세로 팔꿈치의 움직임이 부각되어 나타난다.

스탠스
그립

Stance & Grip

❶ 스탠스

크랭커부터는 상급자가 사용하는 기술로 먼저 레인의 패턴을 파악하는 연습 투구를 한다. 스탠스는 개인에 따라 많이 달라진다. 롱패턴인 경우 기름이 길게 칠해져 있기 때문에 공이 직진 방향으로 진행을 많이 하고, 숏패턴인 경우 기름이 짧게 칠해져 있기 때문에 볼링공이 회전을 많이 한다. 롱패턴인 경우 하이퍼포먼스 볼을 선호하며, 30쪽(-2스폿)에 서서 15~17쪽 사이를 스폿으로 둔다.

---

❷ 그립

대부분 세미핑거 그립을 선호한다. 컵 타입 또는 스트레이트 타입으로 볼을 커핑한다.

---

❸ 팔

오른팔 팔꿈치를 옆구리에 댄다. 볼링공은 가슴 위치에 놓는다. 왼팔은 볼링공의 무게를 지지해서 오른팔에 부담감을 덜어준다. 왼손으로 볼링공을 받쳐 든다.

---

❹ 어깨

트위너와 마찬가지로, 정면보다 오른쪽으로 어깨 방향을 연다. 어깨가 한쪽을 떨어지거나 몸 안쪽으로 밀어 넣는 것은 좋지 않다.

---

❺ 허리

사람마다 다양하지만 일반적으로 허리를 세워 인사하는 형태로 15도 정도 숙인다.

---

❻ 무릎

가볍게 구부린 정도로 선다. 10cm 정도 무게중심이 내려갈 정도로 구부린다.

---

❼ 무게중심

신체의 가운데에 무게중심이 오도록 선다.

---

❽ 시선

목표로 한 스폿(3번 스폿, 15쪽 ~ 17쪽)을 본다. 크랭커의 경우 RPM이 높다 보니, 한 쪽에서 세 쪽 정도의 오차범위를 생각한다. 가상의 스폿인 브레이크존(기름이 칠해지지 않은 부분으로 마찰이 일어나서 공이 잘 휘어지는 구간)을 7쪽 정도로 생각한다.

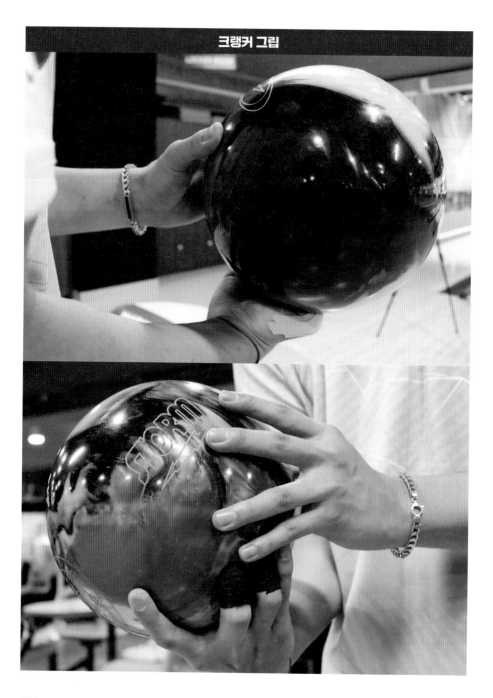

크랭커 그립

크랭커 서기

Basic Form
기본자세

연속동작

❶ 서기 》 ❷ 푸시어웨이 》 ❸ 다운스윙 》 ❹ 백스윙 》 ❺ 백스윙탑
❻ 스윙 》 ❼ 슬라이딩 》 ❽ 릴리스 》 ❾ 애프터스윙

Cranker
크랭커의 궤적

크랭커 공의 이동경로로 오른손잡이 기준이라면 30쪽(5번 스폿)에 서서 15쪽~17쪽을 목표로 투구한다. 오일이 발라지지 않은 브레이크 포인트에서 공의 궤적 변화가 잘 나타난다.

- **A** 볼링의 레인은 총 39쪽으로 이루어져있다. 오른손잡이 기준으로 오른쪽 맨 끝 쪽을 1쪽이라 하며, 얇은 선으로 제시되어 있다.

- **B** 볼링장 레인에서 스탠딩 스폿은 총 7개로 나뉘어져있다. 이는 볼링장 레인에서 7개의 굵은 선으로 표시되어 있다. 오른손잡이 기준으로 왼쪽부터 첫째 줄을 1번 스폿이라고 한다. 따라서 가운데 스폿은 4번째 스폿이며, 가운데에서 바로 왼쪽에 있는 굵은 선은 5번째 스폿인데, 이는 -3 스폿이라고도 한다.

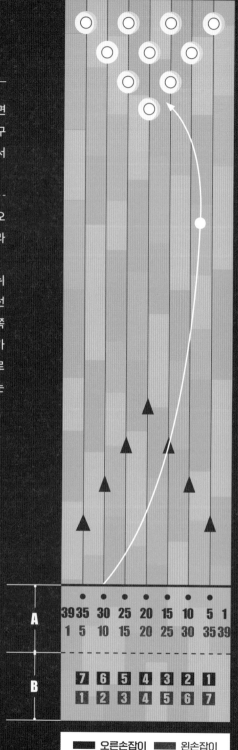

A	39	35	30	25	20	15	10	5	1
	1	5	10	15	20	25	30	35	39

B	7	6	5	4	3	2	1
	1	2	3	4	5	6	7

오른손잡이　　　왼손잡이

어프로치
스트로크

Approach & Stroke

어프로치 | 스텝은 계단 내려가듯이 조금씩 무게중심을 낮춘다.

푸시 어웨이

Push Away

❶ 스텝

5스텝으로 구성하며, 두 번째 스텝에서 오른팔을 뻗는다. 첫 왼발은 반 보정도 왼쪽 앞으로 자연스럽게 나가고, 스텝은 첫 번째 발의 앞을 가릴 정도로 나간다. 발이 먼저 나오고 오른팔이 푸시 어웨이를 한다. 하체가 먼저 움직이고 상체가 따라오는 동작을 수행한다.

❷ 그립

세미핑거 그립을 쥔다. 크랭커의 경우 상급자에 적합한 기술로 개인의 성향에 맞게 그립한다. 볼의 무게를 손바닥으로 지지한다. 볼링공의 지공한 크기가 엄지보다 큰 경우 엄지를 쥐게 되고, 지공한 크기가 엄지와 잘 맞는 경우는 엄지를 가볍게 쥔다. 지공한 크기가 큰 경우, 엄지를 쥐고 투구하게 되어 부상을 입을 가능성이 높아져 주의가 필요하다. 하지만 경기 중에 엄지가 잘 붓는 경우는 지공을 조금 크게 한 후, 상황에 따라 테이핑을 통해 엄지의 두께를 조절하는 것을 추천한다.

❸ 팔

오른팔은 앞으로 자연스럽게 공을 레인방향으로 가볍게 밀어주듯이 뻗는다. 왼팔은 오른팔과 같이 따라가준다.

❹ 어깨

트위너처럼 어깨를 오른쪽으로 열어 놓은 상태를 유지하면서, 볼링공에 무게에 따라가지 않고 처음 선 자세를 그대로 유지한다.

❺ 허리

다운 스윙에서 발생할 상체를 굽히는 동작을 준비하기 위해 무게중심을 앞으로 둔다.

❻ 무게중심

걷는 발에 무게중심이 이동되도록한다. 5스텝으로 두 번째 발에서 푸시 어웨이가 나타난다. 크로스 오버 스텝을 한다.

❼ 시선

스폿(15쪽~17쪽)을 바라본다.

다운 스윙
Down Swing

❶ 스텝   5스텝으로 두번째 발에서, 두번째 발의 무릎이 굽혀지며 다운 스윙 시 발생하는 공의 무게를 오른쪽 허벅지로 느낀다.

---

❷ 그립   그립은 고정하되 흔들리지 않도록 유의한다.

---

❸ 팔   오른팔은 힘을 빼고 떨어지는 공의 방향을 자연스럽게 중력에 맡기 듯이 따라간다. 팔꿈치가 굽히지 않게 유의한다. 힘을 과하게 사용 하여 다운스윙을 하게 되면 팔꿈치가 굽혀져서 백스윙 자세를 만들 기 어렵다. 왼팔은 좌측보다 앞(11시)에 두고 몸을 열어서 전체적인 균형을 잡는다.

---

❹ 어깨   어깨가 열린 상태에서 팔만 다운스윙을 하고, 어깨와 오른팔이 몸 의 등 뒤로 돌아가지 않게 유의한다.

---

❺ 허리   백 스윙에서 발생할 상체를 굽히는 동작을 준비하기 위해 무게중심 을 앞으로 둔다.

---

❻ 무게중심   볼링공이 진자 운동을 할 때에도 무게중심은 하체에 유지된다.

---

❼ 시선   스폿(15쪽~17쪽)을 바라본다.

백 스윙

Back Swing

❶ 스텝

5스텝 중에 세 번째~네 번째 스텝에서 이루어진다. 백 스윙 탑에서 네 번째 스텝이 이루어진다. 이는 슬라이딩 직전 발이기 때문에 오른발로 땅을 밀어줄 때 백 스윙 탑(정점)이 나타나야 한다. 오른발끝과 오른쪽 무릎과 가슴이 수직으로 일치되게끔 백 스윙 탑이 이루어진다.

❷ 그립

흔들리지 않게 고정된 상태로 유지한다. 공의 무게를 원심력을 이용하여 손바닥으로 느낄 수 있게 쥔다. 백 스윙에서 볼링공이 오른팔에 의해 몸의 안쪽으로 몸 바깥쪽으로 회전하는 방법을 선호한다.

❸ 팔

오른팔은 공의 무게를 이용하여 자연스럽게 백 스윙 탑을 만든다. 왼팔은 앞쪽인 11시 방향으로 펴서 위치한다. 신체 중심을 맞춘다.

❹ 어깨

어깨가 열려 있기 때문에 과하지 않게 백 스윙을 잡는다. 볼링공의 진자 운동으로 발생하는 힘만큼만 백 스윙을 한다. 팔꿈치를 굽혀서 백 스윙을 하는 경우가 있는데 이는 효율적이지 못한 동작이다.

❺ 허리

상체보다 앞쪽에 무게중심이 이동될 정도로, 허리를 숙인다. 백 스윙 탑에서 트위너보다 허리를 허벅지에 가깝게 숙인다.

❻ 무릎

오른 무릎이 슬라이딩 하기 직전이기 때문에 강한 추진력을 위해서 땅에 닿을 정도로 굽힌다.

❼ 무게중심

5스텝중 4번째 스텝으로, 신체 중심의 딛는 발 쪽 하체에 위치한다.

❽ 시선

스폿(15쪽~17쪽)을 바라본다.

정면

측면

포워드 스윙

Foward Swing

❶ 스텝

슬라이딩으로 마지막 스텝이다. 시선 방향 쪽으로 발을 밀어 넣어준다.

❷ 그립

엄지의 방향이 12시를 가리키면서 손목을 자연스럽게 커핑.

❸ 팔

오른팔의 경우 공의 떨어지는 무게를 기다리며, 엉덩이 뒤쪽에 공이 내려올 때 쯤 팔꿈치를 굽혀서 내려온다. 대개 30도 정도지만 사람에 따라 다양하다. 왼팔은 10시 방향으로 펴서 릴리스 시에 9시 방향으로 자연스럽게 이동된다. 어깨를 이용하여 왼팔을 이동하지 않도록 한다.

❹ 어깨

1시 방향으로 열었다면 그대로 유지할 수 있도록 한다. 어깨는 공을 스윙하는 축이 되어 유지한다.

❺ 허리

45도를 유지한다.

❻ 무릎

왼쪽 무릎은 스케이트 타듯이 미끄러진다. 오른다리는 킥을 충분히 밀어주면서 무릎이 바닥 방향으로 눌러준다고 생각한다. 무릎이 바닥을 스칠 듯이 눌러줘야 다리가 뒤가 아닌 15도 정도로 빠질 수 있다. 슬라이딩 발이 직진 방향 또는 살짝 위(오른쪽)로 진행된다. 슬라이딩 발이 아래로 빠지는 경우는 팔자 스윙을 하기 때문에 상체가 열리며, 공이 슬라이딩 발에 부딪히지 않기 위한 모션이다. 스윙 궤적의 크기에 따라서 슬라이딩 발의 위치가 달라지게 되는 것이다. 슬라이딩이 위(오른쪽)로 진행되는 경우에는 스텝은 왼쪽으로 반달을 그리는 듯한 파워스텝 동작을 생성한다. 슬라이딩이 아래(왼쪽)로 진행되는 경우 스텝은 아래(왼)쪽으로 향한다.

❼ 무게중심

왼쪽 하체에 무게중심이 이동된다.

❽ 시선

목표로 한 스폿(3번 스폿, 15쪽)을 본다.

정면

측면

릴리스

Release

❶ 스텝

슬라이딩 한 발이 착지된 후, 몸의 균형이 고정된 상태에서 릴리스한다. 이때 땅에 발을 찍는다는 느낌으로 슬라이딩을 한다. 이는 발을 지면에 확실히 착지하기 위함이다.

❷ 그립

유지(고정)했던 손목을 풀어주는 경우는, 공이 손에서 앞 방향으로 굴러 나가면서 자연스럽게 로테이션된다. 이는 팔꿈치의 텐션보다 손목의 텐션을 이용한 투구 방법이다. 유지했던 손목을 고정하는 경우는, 팔꿈치가 펴지면서 엄지가 12시 방향에서 10시 방향으로 로테이션한다. 이는 트위너랑 비슷한 형태로, 팔꿈치의 텐션을 이용하여 더 빠른 회전을 주는 투구 방법이다. 공이 왼쪽 발목의 복숭아뼈를 스치듯 지나가는 것은 공통적이다.

❸ 팔

엉덩이 뒤에서 접혀 있던 오른팔이, 릴리스 시에는 자연스럽게 펴진다. 왼팔은 9시 방향으로 펴서 무게중심을 잡는다.

❹ 어깨

1시 방향으로 어깨를 열었다면 그 상태를 유지한다.

❺ 허리

45도를 유지한다. 상체는 착지한 허벅지와 가깝게 각도를 조절한다.

❻ 무릎

왼쪽 발끝과 왼쪽 무릎과 가슴이 수직이 되게 선다.

❼ 무게중심

왼쪽 하체에 둔다. 앞으로 치우치면 안 된다.

❽ 시선

목표한 스폿(15쪽~17쪽)을 바라본다. 머리를 들거나 숙이지 않는다.

애프터 스윙

After Swing

❶ 스텝

착지 자세를 유지한다. 내가 처음 목표한 착지점과 실제 착지점이 일치하는지 확인한다.

❷ 팔

오른팔은 자연스럽게 오른쪽 눈 방향으로 스치듯 지나간다. 반복 스윙을 2~3번 권장한다. 반복 스윙은 오른쪽 옆구리를 오른팔이 스치듯이 수행한다.

❸ 어깨

1시 방향으로 열려 있던 어깨로 인해 몸이 왼쪽으로 돌아가 있지 않은지 확인한다. 왼쪽으로 어깨가 돌아가면 안 된다.

❹ 허리

허벅지를 가까운 상태로 유지한다.

❺ 무릎

왼쪽 발끝과 왼쪽 무릎과 가슴이 수직이 되게 선다. 무릎을 많이 굽힐 수 없는 경우에는 상체를 더욱 숙여서 각도를 유지한다.

❻ 무게중심

왼쪽 하체에 중심에 두고 앞으로 쏠리지 않게 한다.

❼ 시선

애프터 스윙에서 가장 중요한 부분으로, 스폿(15쪽~17쪽)으로 공이 지나가는 것을 확인한다. 시선이 볼링공을 따라가지 않게 유의한다. 공이 목표한 스폿으로 지나갔는지 여부와 레인 컨디션에 따라 다음 투구동작 또는 스탠스 위치를 조절해야 한다.

Chapter 7

덤리스
투핑거

검지와 중지를 구멍에 넣고, 엄지는 구멍에 넣지 않은 상태로 그립하여 투구하는 방법이다. 일반적으로 400 RPM 이상의 투구가 이루어진다. 최근 볼링의 활성화로, 초보자들이 많이 선호하는 투구 방법이 덤리스, 투핸드, 투핑거이다. 쉽게 많은 회전을 만들어낼 수 있기 때문이다.

스탠스
그립

Stance & Grip

❶ 스탠스

개인에 따라 많이 달라진다. 초보자의 경우 센터(20쪽)에 선다. 킥하는 발과 슬라이딩 하는 발이 가장 중요하기 때문에 스텝이 자유로운 편이다. 롱패턴인 경우 기름이 길게 칠해져 있기 때문에 공이 직진 방향으로 진행을 많이 하고, 숏패턴인 경우 기름이 짧게 칠해져 있기 때문에 볼링공이 회전을 많이 한다. 숏패턴인 경우 우레탄 볼 또는 미들 볼을 사용하며, 롱패턴인 경우 하이퍼포먼스 볼을 선호한다. 회전은 많이 만들어지지만, 라인 설정하기가 어렵기 때문에 초보자들에게는 많은 연습이 요구된다. 롱패턴의 경우, 20쪽(4번)에 서서 10쪽(2번)을 목표 스폿으로 둔다.

❷ 그립

엄지를 넣지 않고, 대부분 세미핑거 그립을 선호한다. 중지와 약지를 깊이 넣으면 공이 너무 많이 걸려서 부상의 위험이 있다. 엄지는 볼링공 표면에 붙여 놓는다. 컵 타입 또는 스트레이트 타입으로 볼을 커핑한다.

❸ 팔

오른팔 팔꿈치를 옆구리에 댄다. 볼링공은 내 몸 쪽으로 조금 더 가까이 위치한다. 이를 위해서 팔꿈치를 몸의 뒤쪽으로 더 빼거나, 팔꿈치의 각도를 몸 쪽으로 더 구부리는 방법이 있다. 왼팔은 볼링공의 무게를 지지해서 오른팔에 부담감을 덜어준다. 왼손으로 볼링공을 받쳐 든다.

❹ 어깨

크랭커와 마찬가지로, 정면보다 오른쪽으로 어깨 방향을 연다. 어깨 한쪽이 떨어지거나 몸 안쪽으로 밀어 넣는 것은 좋지 않다.

❺ 허리

일반적으로 허리를 세워 인사하는 형태로 15도 정도 숙인다.

❻ 무릎

10cm 정도 무게중심이 내려갈 정도로 가볍게 구부려 선다.

❼ 무게중심

신체의 가운데에 무게중심이 오도록 선다.

❽ 시선

목표로 한 스폿(2번 스폿. 10쪽)을 본다. 덤리스의 경우 RPM이 높다 보니, 한 쪽에서 세 쪽 정도의 오차범위를 생각한다. 하지만 초보자의 경우, 볼 컨트롤이 미흡할 수 있기 때문에 많은 연습이 필요하다. 가상의 스폿인 브레이크존(기름이 칠해지지 않은 부분으로 마찰이 일어나서 공이 잘 휘어지는 구간)을 7쪽 정도로 생각한다.

덤리스 그립

덤리스 서기

Basic Form
기본자세

연속동작

❶ 서기 》 ❷ 푸시어웨이 》 ❸ 다운스윙 》 ❹ 백스윙 》 ❺ 백스윙탑
❻ 스윙 》 ❼ 슬라이딩 》 ❽ 릴리스 》 ❾ 애프터스윙

Thumbless
덤리스의 궤적

덤리스 공의 이동경로로 오른손잡이라면 20쪽인 4번 스폿에 서서 10쪽(2번 스폿)을 목표로 하여 투구한다. 오일이 발라지지 않은 브레이크 포인트에서 공의 궤적 변화가 잘 나타난다.

- -

A 볼링의 레인은 총 39쪽으로 이루어져있다. 오른손잡이 기준으로 오른쪽 맨 끝 쪽을 1쪽이라 하며,얇은 선으로 제시되어 있다.

B 볼링장 레인에서 스탠딩 스폿은 총 7개로 나뉘어져있다. 이는 볼링장 레인에서 7개의 굵은 선으로 표시되어 있다. 오른손잡이 기준으로 왼쪽부터 첫째 줄을 1번 스폿이라고 한다. 따라서 가운데 스폿은 4번째 스폿이며, 가운데에서 바로 왼쪽에 있는 굵은 선은 5번째 스폿인데, 이는 -3 스폿이라고도 한다.

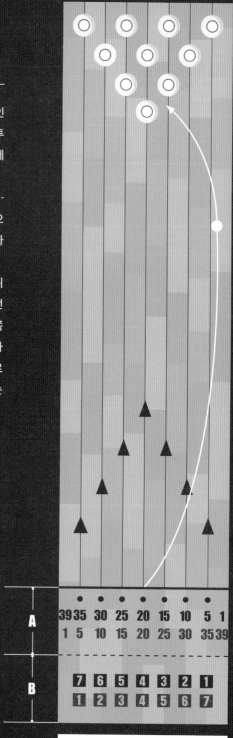

어프로치
스트로크

Approach & Stroke

어프로치 | 스텝은 5스텝 기준으로는 4번째 스텝과 5번째 슬라이딩 과정에서 계단 내려가듯이 무게중심을 낮춘다. 킥발과 슬라이딩 과정에서 계단 내려가듯 무게중심을 낮춘다.

푸시 어웨이

Push Away

❶ 스텝

일반적으로 4스텝 또는 5스텝이지만, 일반적인 스텝에 구애받지 않고, 자연스러운 스텝이 가능하다. 5스텝을 추천한다. 킥발 전에 푸시를 몸의 위 방향으로 자연스럽게 올린다. 하체가 먼저 움직이고 상체가 따라오는 동작을 수행한다

---

❷ 그립

세미핑거 그립을 쥔다. 볼의 무게를 손바닥으로 많이 지지할 수 있는 장점이 있지만, 엄지를 넣을 수 없기 때문에 공을 지탱하는데 불안정한 느낌이 있기 때문에 왼손으로 보조를 한다.

---

❸ 팔

오른팔은 앞으로 자연스럽게 공을 레인방향으로 가볍게 밀어주듯이 위로 뻗는다. 왼팔은 오른팔과 같이 따라간다.

---

❹ 어깨

크랭커처럼 어깨를 오른쪽으로 열어 놓은 상태를 유지하면서, 볼링공에 무게에 따라가지 않고 처음 선 자세를 그대로 유지한다.

---

❺ 허리

다운 스윙에서 상체가 더 많이 굽혀지는 동작을 준비하기 위해 무게중심을 앞으로 둔다.

---

❻ 무게중심

걷는 발에 무게중심이 이동되도록 한다. 크로스 오버 스텝을 추천한다.

---

❼ 시선

초보자인 경우 스폿(10쪽)을 추천한다. 상급자인 경우 레인 컨디션에 따라 조절하게 된다.

다운 스윙
Down Swing

❶ 스텝

킥발 전에 이루어지는 동작이다. 킥발은 슬라이딩 전에 지면을 가장 세게 차는 발을 뜻한다. 다운 스윙 시 발생하는 공의 무게를 오른쪽 허벅지로 느낀다.

---

❷ 그립

그립은 고정하되 흔들리지 않도록 유의한다.

---

❸ 팔

엄지를 넣지 않기 때문에, 오른 팔꿈치가 굽혀진 상태에서 어깨 관절을 축으로 진자 운동을 하게 된다. 왼팔은 좌측보다 앞(11시)에 두고 몸을 열어서 전체적인 균형을 잡는다.

---

❹ 어깨

어깨가 열린 상태에서 팔만 다운 스윙을 하고, 상체의 굽힘으로 인해 어깨의 위치도 내려가게 된다.

---

❺ 허리

팔꿈치를 펼 수 없기 때문에 백 스윙에서 상체를 많이 굽히는 동작이 발생하고, 해당 동작을 준비하기 위해 무게중심을 앞으로 둔다.

---

❻ 무게중심

볼링공이 팔꿈치가 굽혀진 상태로 진자 운동을 할 때에도 무게중심은 하체에 유지한다.

---

❼ 시선

초보자인 경우 스폿(10쪽)을 추천한다. 상급자인 경우 레인 컨디션에 따라 조절하게 된다.

백 스윙
Back Swing

❶ 스텝

백 스윙 시에 킥발이 지면을 강하게 찰 준비를 한다. 슬라이딩 직전 발이 기 때문에 오른발로 땅을 밀어줄 때 백스윙 탑(정점)이 나타나야 한다. 오른발끝과 오른쪽 무릎은 수직으로 일치되지만, 상체의 위치는 조금 더 낮게 숙여진 상태에서 백 스윙 탑이 이루어진다.

---

❷ 그립

흔들리지 않게 고정된 상태로 유지한다. 볼링공의 무게가 손바닥에 가장 많이 느껴지는 장점이지만, 엄지를 넣지 않기 때문에 불안정한 느낌이 있다. 백 스윙에서 볼링공이 오른팔에 의해 몸의 뒤쪽으로 움직인다.

---

❸ 팔

오른팔의 경우 공의 무게를 이용하여 팔꿈치가 굽혀진 상태로 백 스윙 탑을 만든다. 상체를 굽혀서 백 스윙 할 수 있는 공간을 만들고, 백 스윙 시에 볼링공이 흔들리는 것을 방지하기 위해서 전완근 쪽에 공이 지지된다. 왼팔은 앞쪽인 11시 방향으로 펴서 위치한다. 신체 중심을 맞춘다.

---

❹ 어깨

어깨가 열려 있기 때문에 과하지 않게 백 스윙을 잡는다. 볼링공의 진자 운동으로 발생하는 힘만큼만 팔꿈치가 구부려진 상태로 백 스윙을 한다.

---

❺ 허리

상체 자체가 더 숙여지게 된다. 허리를 허벅지와 더 가깝게 숙인다.

---

❻ 무릎

오른 무릎이 슬라이딩 하기 직전이기 때문에 강한 추진력을 위해서 땅에 닿을 정도로 굽힐 준비를 한다. 오른 무릎이 지면에 가장 가깝게 위치하는 시점은 릴리스 시점이다.

---

❼ 무게중심

백 스윙 과정에서는 신체 중심은 딛는 발 쪽 하체에 위치하지만, 상체는 앞쪽 아래로 숙여진다.

---

❽ 시선

초보자는 스팟(10쪽)을 추천하고, 상급자는 레인 컨디션에 따라 조절한다.

포워드 스윙

Foward Swing

❶ 스텝

이는 슬라이딩으로 마지막 스텝이다. 레인에 미끄러지듯 바라보는 시선 방향 쪽으로 발을 밀어 넣어준다.

❷ 그립

처음 그립 상태를 유지한다.

❸ 팔

오른팔의 팔꿈치가 굽혀진 상태를 유지하면서 경우 공의 떨어지는 무게를 기다린다. 왼팔은 10시 방향으로 펴서 릴리스 시에 9시 방향으로 자연스럽게 이동된다. 어깨를 이용하여 왼팔을 이동하지 않도록 한다.

❹ 어깨

1시 방향으로 열었다면 그대로 유지할 수 있도록 한다. 어깨는 공을 스윙하는 축이 되어 유지한다. 오른쪽 어깨의 위치가 지면방향으로 좀 더 내려온다. 오른쪽 어깨가 지면과 이루는 각도는 30도 정도를 유지한다.

❺ 허리

상체를 더 숙여 50도를 유지한다.

❻ 무릎

킥하는 과정으로 왼쪽 무릎은 스케이트 타듯이 미끄러진다. 스텝이 정해진 것이 없기 때문에 킥하는 발이 큰 영향을 미치게 된다. 무릎을 많이 굽히기 어려운 경우는 상체를 더 굽힌다. 오른다리는 킥을 충분히 밀어주면서 무릎이 바닥 방향으로 눌러준다고 생각한다. 무릎이 바닥을 스칠 듯이 눌러준다고 생각해야 오른쪽 다리가 뒤가 아닌 15도 정도로 빠질 수 있다.

❼ 무게중심

왼쪽 하체에 무게중심이 이동된다. 상체는 앞쪽 아래로 더 숙여져 있다.

❽ 시선

초보자인 경우 스폿(10쪽)을 추천한다. 상급자인 경우 레인 컨디션에 따라 조절하게 된다.

릴리스

Release

❶ 스텝

슬라이딩한 발이 착지가 된 후, 몸의 균형이 고정된 상태에서 릴리스한다. 이때 땅에 발을 찍는다는 느낌으로 슬라이딩한다. 이는 발을 지면에 확실히 착지하기 위한 것이다.

❷ 그립

손목의 커핑이 유지된 상태이다. 이미 손바닥 위에 볼링공이 올려져 있는 상태이기 때문이다. 팔꿈치의 텐션을 더 이용하며 더 빠른 회전을 만드는 투구 방법이다. 오른손의 검지손가락이 11시 방향으로 로테이션 된다. 공이 왼쪽 발목의 복숭아뼈를 스치듯 지나가는 것은 공통적이다.

❸ 팔

엉덩이 뒤에서 접혀 있던 오른 팔꿈치가, 릴리스 시에는 자연스럽게 펴도록 한다. 볼링공이 떨어지는 것을 방지하기 위해 릴리스 시에 팔꿈치를 펴지 않는 경우가 있는데, 이는 잘못된 방법이다. 팔꿈치나 상완이두근의 상해를 입을 수 있고, 공의 회전도 감소하기 때문이다. 손바닥 가운데에 공을 잘 위치시켜 공이 떨어지는 것을 방지할 수 있어야 한다. 왼팔은 9시 방향으로 펴서 무게중심을 잡는다. 왼팔이 뜨지 않게 유의한다.

❹ 어깨

1시 방향으로 어깨를 열었다면 그 상태를 유지한다. 릴리스 시에 어깨는 30도 정도 기울어진 상태이다.

❺ 허리

50를 유지한다. 상체는 착지한 허벅지와 가깝게 각도를 조절한다.

❻ 무릎

왼쪽 발끝과 왼쪽 무릎이 수직이 되게 선다.

❼ 무게중심

왼쪽 하체에 둔다. 상체는 앞쪽 아래 방향으로 숙여진다.

❽ 시선

초보자인 경우 스폿(10쪽)을 추천한다. 상급자인 경우 레인 컨디션에 따라 조절하게 된다.

애프터 스윙
After Swing

❶ 스텝

착지 자세를 유지한다. 내가 처음 목표한 착지점과 실제 착지점이 일치하는지 확인한다.

---

❷ 팔

오른팔은 자연스럽게 오른쪽 눈 방향으로 스치듯 지나간다. 반복 스윙을 2~3번 권장한다. 반복 스윙은 공이 있다고 가정하고, 릴리스 시에 팔꿈치가 펴지는 굴곡flexion 동작에 집중한다.

---

❸ 어깨

1시 방향으로 열려 있던 어깨로 인해 몸이 앞쪽으로 쏠려 있지 않은지 확인한다. 앞쪽으로 어깨가 따라가면 안 된다.

---

❹ 허리

허벅지를 가까운 상태로 유지된다.

---

❺ 무릎

왼쪽 발끝과 왼쪽 무릎과 수직이 되게 선다. 가슴은 앞쪽으로 좀더 나와 있다. 무릎을 많이 굽힐 수 없는 경우에는 상체를 더욱 숙여 각도를 유지한다.

---

❻ 무게중심

왼쪽 하체에 중심에 두고, 상체는 앞쪽에 위치한다.

---

❼ 시선

애프터 스윙에서 가장 중요한 부분으로, 초보자인 경우 스폿(10쪽)을 추천한다. 상급자인 경우 레인 컨디션에 따라 조절하게 된다. 시선이 볼링공을 따라가지 않게 유의한다. 공이 목표한 스폿으로 지나갔는지 여부와 레인 컨디션에 따라 다음 투구동작 또는 스탠스 위치를 조절해야 한다.

Chapter 8

투핸드

검지와 중지를 구멍에 넣고 엄지는 구멍에 넣지 않은 상태로 양손으로 투구하는 방법이다. 일반적으로, 450 RPM 이상의 투구가 이루어진다. 볼링의 활성화로, 초보자들이 많이 선호하는 투구 방법이다(덤리스, 투핸드). 쉽게 많은 회전을 만들어낼 수 있기 때문이다. 제이슨 벨몬트 선수는 투핸드 볼링에서 좋은 성적을 내서 투핸드 투구법을 널리 알린 인물로, 이 선수의 투구동작을 참고하여 서술하였다.

스탠스
그립

Stance & Grip

❶ 스탠스

초보자의 경우 센터(20쪽)에 서는 편이다. 롱패턴인 경우 기름이 길게 칠해져 있기 때문에 공이 직진방향으로 진행 하고, 숏패턴인 경우 기름이 짧게 칠해져 있기 때문에 공이 회전을 많이 한다. 숏패턴인 경우 우레탄 볼 또는 미들 볼을 사용한다. 롱패턴은 하이퍼포먼스 볼을 선호한다. 롱패턴의 경우, 4번, 20쪽에 서서 2번, 10쪽을 목표 스폿으로 둔다.

---

❷ 그립

오른손의 투구에서, 대부분 세미핑거 그립을 선호한다. 중지와 약지를 깊이 넣으면 공이 너무 많이 걸려 부상의 위험이 있다. 엄지는 표면에 붙인다. 컵 타입 또는 스트레이트 타입으로 볼을 커핑 한다. 왼손은 오른손의 엄지가 들어가지 않은 상태이기 때문에 공의 정면 쪽을 위에서 손바닥을 붙인 상태로 얹는다. 진자 운동을 양손으로 하는 투구이다.

---

❸ 팔

오른팔 팔꿈치를 옆구리에 댄다. 공은 몸 쪽으로 가까이 위치한다. 팔꿈치를 몸의 뒤쪽으로 더 빼거나, 각도를 몸 쪽으로 더 구부리는 방법이 있다. 팔의 근력이 강한 사람의 경우 오른 팔꿈치가 펴져 있고, 공이 오른쪽 허벅지 쪽에 가까이 위치한 상태로 준비하기도 한다. 왼팔은 진자 운동을 효율적으로 하기 위해 손가락이 레인을 향하게 공의 위쪽 정면에 얹는다.

---

❹ 어깨

크랭커 투구와 마찬가지로, 정면보다 오른쪽으로 어깨 방향을 연다. 어깨 한 쪽이 떨어지거나 몸 안쪽으로 밀어 넣는 것은 좋지 않다.

---

❺ 허리

일반적으로 허리를 세워 인사하는 형태로 너무 숙이지 않는다.

---

❻ 무릎

선 자세에서 힘을 빼고 무릎을 거의 구부리지 않는다.

---

❼ 무게중심

오른쪽 다리 쪽에 무게중심이 오도록 선다. 이는 첫 스텝이 가볍게 나갈 수 있게 하기 위함이다.

---

❽ 시선

목표로 한 스폿(2번, 10쪽)을 본다. 투핸드의 경우 RPM이 높다 보니, 두 쪽에서 세 쪽정도(7쪽에서 13쪽)의 오차범위를 생각한다. 일관적인 투구를 위해 많은 연습이 필요하다. 가상의 스폿인 브레이크존(기름이 칠해지지 않은 부분으로 마찰이 일어나 공이 잘 휘어지는 구간)을 7쪽 정도로 생각한다.

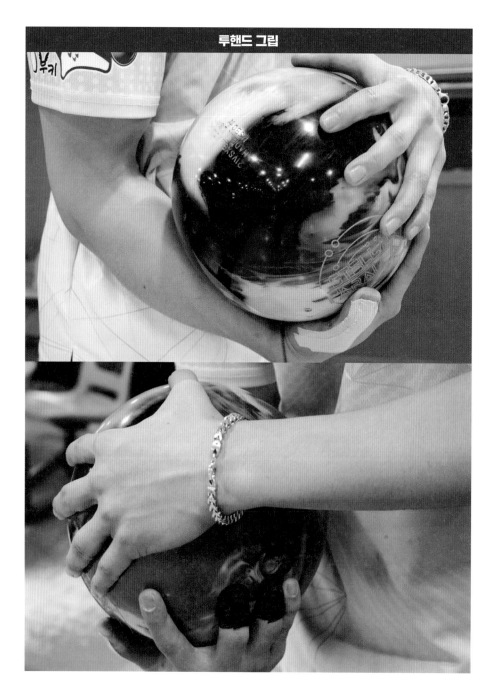

투핸드 그립

투핸드 서기

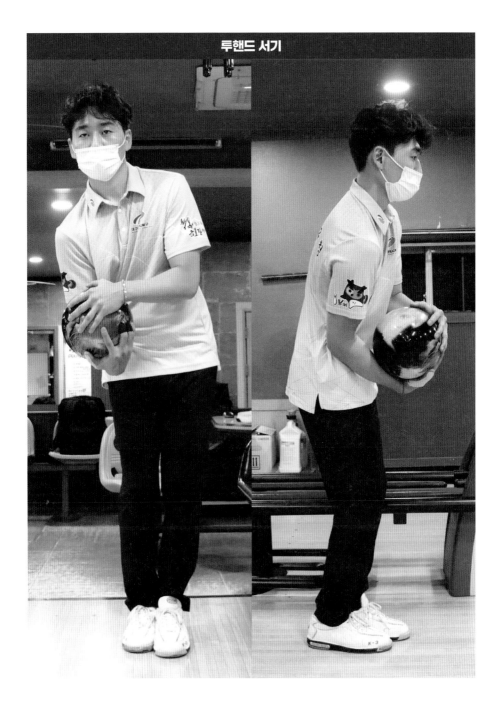

Basic Form
기본자세

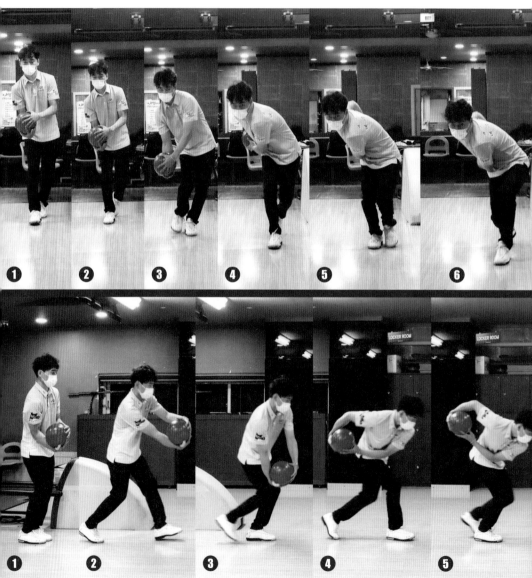

연속동작

❶ 서기 》 ❷ 푸시어웨이 》 ❸ 다운스윙 》 ❹ 백스윙 》 ❺ 백스윙탑
❻ 스윙 》 ❼ 슬라이딩 》 ❽ 릴리스 》 ❾ 애프터스윙

Two-hand
투핸드의 궤적

투핸드 볼링공의 이동경로로, 오른손잡이라면 20쪽(4스팟)에 서서 10쪽(2번 스팟)을 목표로 하여 공을 투구한다. 오일이 발라지지 않은 브레이크 포인트에서 볼링공 궤적의 변화가 잘 나타난다.

- -

A 볼링의 레인은 총 39쪽으로 이루어져있다. 오른손잡이 기준으로 오른쪽 맨 끝 쪽을 1쪽이라 하며, 얇은 선으로 제시되어 있다.

B 볼링장 레인에서 스탠딩 스팟은 총 7개로 나뉘어져있다. 이는 볼링장 레인에서 7개의 굵은 선으로 표시되어 있다. 오른손잡이 기준으로 왼쪽부터 첫째 줄을 1번 스팟이라고 한다. 따라서 가운데 스팟은 4번째 스팟이며, 가운데에서 바로 왼쪽에 있는 굵은 선은 5번째 스팟인데, 이는 -3 스팟이라고도 한다.

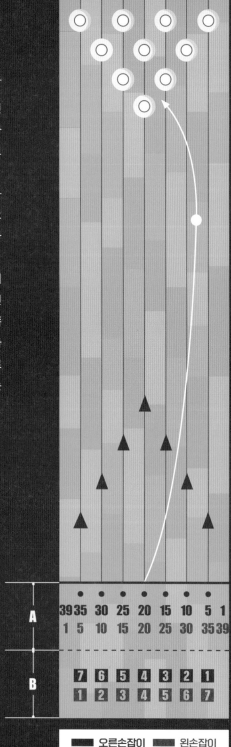

| A | 39 35 | 30 | 25 | 20 | 15 | 10 | 5 | 1 |
| | 1 5 | 10 | 15 | 20 | 25 | 30 | 35 39 |

| B | 7 | 6 | 5 | 4 | 3 | 2 | 1 |
| | 1 | 2 | 3 | 4 | 5 | 6 | 7 |

오른손잡이　　　왼손잡이

어프로치
스트로크

Approach & Stroke

어프로치 | 스텝은 5스텝 기준으로는 4번째 스텝과 5번째 슬라이딩 과정에서 계단 내려가듯이 무게중심을 낮춘다. 투핸드의 경우 백스윙을 크게 할 수 없기때문에 공의 가속을 위해서 4번째, 5번째 스텝이 뜀걸음 하듯 빠른 템포에서 이루어져야 한다. 킥발과 슬라이딩 과정에서 계단 내려가듯 무게중심을 낮춘다.

푸시 어웨이

Push Away

❶ 스텝

5스텝 기준에서 투핸드 투구는 백스윙 높이가 낮기 때문에 세번째 스텝에서 푸시 어웨이가 나타난다. 일반적인 스텝에 구애받지 않고, 자연스러운 스텝이 가능하다. 5스텝을 추천한다. 릴리스 전 마지막 세 번의 스텝이 중요하다. 하체가 먼저 움직이고 상체가 따라오는 동작을 수행한다

❷ 그립

세미핑거 그립을 쥔다. 엄지를 넣지 않기 때문에 볼의 무게를 손바닥으로 많이 지지할 수 있는 장점이 있지만, 공을 지탱하는데 불안정한 느낌이 있기 때문에 왼손을 공의 정면 위에 얹혀서 보조한다.

❸ 팔

오른팔은 앞으로 공을 레인방향으로 가볍게 밀어주듯 위로 뻗는다. 왼팔은 손이 공 위에 얹어진 상태로 오른팔과 같이 따라가준다.

❹ 어깨

크랭커처럼 어깨를 오른쪽으로 열어 놓은 상태를 유지하면서, 볼링공에 무게에 따라가지 않고 처음 선 자세를 그대로 유지한다.

❺ 허리

상체는 서기 자세를 유지한 상태로 세워저 있다.

❻ 무게중심

걷는 발에 무게중심이 이동되도록 한다. 크로스 오버 스텝이 좋다.

❼ 시선

초보자인 경우 스폿(10쪽)을 추천한다. 상급자인 경우 레인 컨디션에 따라 조절하게 된다.

정면

측면

다운 스윙
Down Swing

❶ 스텝

5스텝 기준으로 세 번째 스텝에서 다운 스윙이 이루어진다. 세 번째 스텝 이후 네 번째 스텝은 킥발이며, 5번째 스텝은 슬라이딩으로 마무리된다. 킥발은 슬라이딩 전에 지면을 가장 세게 차는 발을 뜻한다. 빠른 템포의 스텝을 진행한다.

❷ 그립

그립은 오른손과 왼손 모두 고정하되 흔들리지 않도록 유의한다.

❸ 팔

엄지를 넣지 않기 때문에, 오른 팔꿈치가 굽혀진 상태에서 어깨 관절을 축으로 진자 운동을 하게 된다. 왼팔은 고정된 상태로 진자 운동을 도와 같이 다운스윙을 한다.

❹ 어깨

어깨가 열린 상태에서 팔만 다운 스윙을 하고, 상체의 굽힘으로 인해 어깨의 위치도 내려간다. 백 스윙의 가동범위가 적기 때문에, 스트로커나 트위너, 크랭커보다 더 상체가 굽혀져 다운 스윙을 한다.

❺ 허리

팔꿈치를 펼 수 없기 때문에 백 스윙에서 상체를 많이 굽히는 동작이 발생하고, 해당 동작을 준비하기 위해 무게중심을 앞으로 둔다.

❻ 무게중심

볼링공이 팔꿈치가 굽혀진 상태로 진자 운동을 할 때에도 무게중심은 하체의 진행하는 다리 쪽에 유지된다.

❼ 시선

초보자인 경우 스폿(10쪽)을 추천한다. 상급자인 경우 레인 컨디션에 따라 조절하게 된다.

백 스윙
Back Swing

❶ 스텝

백 스윙 시에 킥발이 지면을 강하게 찰 준비를 한다. 슬라이딩 직전 발이기 때문에 오른발로 땅을 밀어줄 때 백 스윙 탑(정점)이 나타나야 한다. 백 스윙 탑의 높이가 높지 않다. 오른발끝과 무릎은 수직으로 일치되지만, 상체는 조금 더 낮고, 앞으로 숙여진 상태에서 백 스윙 탑이 이루어진다.

❷ 그립

흔들리지 않게 고정된 상태로 유지한다. 볼링공의 무게가 손바닥에 가장 많이 느껴지는 장점이지만, 엄지를 넣지 않지만 왼손으로 볼링공을 지지하여 안정감 있게 그립한다. 신체조건에 따라 컨트롤을 조절해야 한다.

❸ 팔

오른팔의 경우 공의 무게를 이용하여 팔꿈치가 굽혀진 상태로 백 스윙 탑을 만든다. 상체를 굽혀 백 스윙 공간을 만들고, 백 스윙 시에 볼링공이 흔들리는 것을 방지하기 위해 전완근 쪽에 공이 지지된다. 왼팔은 왼손이 볼링공의 정면 위에 얹혀진 상태로 유지되어 오른팔의 백 스윙을 따라간다.

❹ 어깨

어깨는 열린 상태로 유지하여 백 스윙의 정점을 느낀다.

❺ 허리

상체를 최대한 낮게 위치하여 투구시의 신체균형을 높인다. 백 스윙 탑에서 크랭커보다 허리가 허벅지랑 가깝게 숙인다.

❻ 무릎

오른 무릎이 슬라이딩(왼발로 슬라이딩) 하기 직전이기 때문에 강한 추진력을 위해서 땅에 닿을 정도로 굽힐 준비를 한다.

❼ 무게중심

백 스윙 과정에서는 신체 중심은 딛는 발 쪽 하체에 위치하지만, 상체는 앞쪽 아래로 숙여진다.

❽ 시선

초보자인 경우 스폿(10쪽)을 추천한다. 상급자인 경우 레인 컨디션에 따라 조절하게 된다.

포워드 스윙

Foward Swing

❶ 스텝

이는 슬라이딩으로 마지막 스텝이다. 슬라이딩이 끝나 멈춰진 직후 릴리스가 된다.

❷ 그립

처음 그립 상태를 유지한다. 왼손은 릴리스 시 공에 손을 뗄 준비를 한다.

❸ 팔

오른팔의 팔꿈치가 굽혀진 상태를 유지하면서 공의 떨어지는 무게를 기다린다. 왼팔은 공이 다운되는 것을 왼손으로 과하게 지지하기보다는 진자 운동에 의해 스윙되는 오른팔을 따라가듯이 움직이는 것이 좋다.

❹ 어깨

1시 방향으로 열었다면 그대로 유지할 수 있도록 한다. 어깨는 공을 스윙하는 축이 되어 유지한다. 오른쪽 어깨의 위치가 지면방향으로 좀 더 내려온다. 오른쪽 어깨가 지면과 이루는 각도는 30 정도. 어깨는 힘을 사용하지 않으며, 뒤에서 앞으로 움직이지 않고 유지된다.

❺ 허리

50도 각도를 유지한다. 상체를 더 숙이게 된다.

❻ 무릎

킥하는 과정으로 왼쪽 무릎은 스케이트 타듯이 미끄러진다. 스텝이 정해진 것이 없기 때문에 킥하는 발이 큰 영향을 미치게 된다. 무릎을 많이 굽히기 어려운 경우는 상체를 더 굽힌다. 오른다리는 킥을 충분히 밀어주면서 오른쪽 무릎이 바닥 방향으로 눌러준다고 생각한다. 무릎이 바닥을 스칠 듯이 눌러줘야 왼발로 슬라이딩 시에 오른쪽 다리가 15도 정도 빠질수 있다.

❼ 무게중심

왼쪽 하체에 무게중심이 이동된다. 상체는 앞쪽 아래로 더 숙여져 있다.

❽ 시선

초보자인 경우 스폿(10쪽)을 추천한다. 상급자인 경우 레인 컨디션에 따라 조절하게 된다.

릴리스

Release

❶ 스텝

슬라이딩한 발이 착지된 후, 몸의 균형이 고정된 상태에서 릴리스한다. 이 때 땅에 발을 찍는다는 느낌으로 간결하게 슬라이딩한다. 이는 발을 지면에 확실히 착지하기 위함이다.

❷ 그립

손목의 커핑이 유지된 상태이다. 손바닥 위에 공이 올려져 있는 상태이므로 팔꿈치의 텐션을 이용하여 빠른 회전이 가능하다. 왼손은 왼쪽 방향으로 빠진다. 공이 왼쪽 발목의 복숭아뼈를 스치듯 지나가게 된다.

❸ 팔

엉덩이 뒤에서 접혀 있던 오른팔꿈치가 릴리스 시에는 펴지도록 한다. 공이 떨어지는 것을 방지하기 위해 팔꿈치를 펴지 않는 경우가 있는데, 이는 잘못된 방법이다. 팔꿈치나 상완이두근의 상해를 입을 수 있고, 공의 회전도 감소하기 때문이다. 손바닥 가운데에 공을 잘 위치시켜 공이 떨어지는 것을 방지할 수 있어야 한다. 왼팔은 왼쪽 방향으로 빠져주며, 밸런스를 유지하기 위해서 9시 방향으로 편다. 왼팔이 뜨지 않게 유의한다. 오른쪽 어깨가 기울어져 있으므로 왼팔로 균형을 잡아야 하기 때문이다.

❹ 어깨

1시 방향으로 어깨를 열었다면 그 상태를 유지한다. 릴리스 시에 어깨는 30도 정도 기울어진 상태이다.

❺ 허리

50도 각도를 유지한다. 상체는 착지한 허벅지와 가깝게 각도를 조절한다.

❻ 무릎

왼쪽 발끝과 왼쪽 무릎이 수직이 되게 선다.

❼ 무게중심

왼쪽 하체에 둔다. 상체는 앞쪽 아래 방향으로 숙여진다.

❽ 시선

초보자는 스팟(10쪽)을 추천하고, 상급자는 레인 컨디션에 따라 조절한다.

애프터 스윙

After Swing

❶ 스텝

착지 자세를 유지한다. 처음 목표한 착지점과 실제 착지점이 일치
하는지 확인한다.

---

❷ 팔

오른팔은 자연스럽게 오른쪽 눈 방향으로 스치듯 지나간다. 왼팔은
9시 방향으로 펴져 있다. 반복스윙을 2~3번 권장한다. 반복스윙은
공이 있다고 가정하고, 릴리스 시에 팔꿈치가 펴지는 굴곡^{flexion} 동
작에 집중한다.

---

❸ 어깨

1시 방향으로 열려 있던 어깨로 인해 몸이 앞쪽으로 따라가 있지 않
은지 확인한다. 앞쪽으로 어깨가 따라가지 않도록 한다.

---

❹ 허리

허벅지를 가까운 상태로 유지한다.

---

❺ 무릎

왼쪽 발끝과 무릎을 수직으로 선다. 가슴은 앞쪽으로 더 나와 있다.
무릎을 많이 굽힐 수 없는 경우에는 상체를 숙여 각도를 유지한다.

---

❻ 무게중심

왼쪽 하체에 중심에 두고, 상체는 앞쪽에 위치한다.

---

❼ 시선

애프터 스윙에서 가장 중요한 부분으로, 초보인 경우 스폿(10쪽)
을 추천한다. 상급자인 경우 레인 컨디션에 따라 조절하게 된다. 시
선이 볼링공을 따라가지 않게 유의한다. 공이 목표한 스폿으로 지
나갔는지 여부와 레인 컨디션에 따라 다음 투구동작 또는 스탠스
위치를 조절해야 한다.

Chapter 9

볼링
전략

심리기술

❶ 루틴의 활용

루틴이란 운동을 하는 사람이 자신의 최고 기량을 발현하기 위해서 반복적으로 하는 행동이나 패턴을 의미한다. 테니스의 경우 이러한 루틴이 많은 선수들 중 대표적인 이가 라파엘 나달로 반드시 오른발로만 선을 넘거나, 서브를 시작할 때 항상 발이나 팔의 움직임이 일정하다. 이러한 루틴은 수행 루틴과 인지 루틴이 있는데, 수행 루틴은 행동으로 나타나는 패턴이며, 인지 루틴은 사고를 하는 패턴 이다.

인지 루틴은 일반적으로 감정을 컨트롤하거나 침착함을 유지하기 위해서 떠올리는 사고의 패턴으로 '침착하자', '집중' 등의 단어를 사용할 수 있다. 수행 루틴의 경우 볼을 닦는 방향이나 횟수를 일정하게 조절하여 습관화한다거나 어프로치에서는 위치, 투구 직전에 시선을 어디에 고정할 것인지를 습관화하는 방법이 있다. 우수한 선수들은 수행 루틴을 리듬이나 템포 위주로 사용한다(김병현, 2007). 이를 생각해 투구 전 빈 스윙에 대한 루틴을 만들어보는 것도 좋을 것이다.

또한 볼링 수행 루틴은 4가지 국면으로 나뉠 수 있는데, 이는 준비 국면, 집중 국면, 실행 국면, 휴식 국면이다. 준비 국면은 투구 차례를 기다리는 시간이고, 집중 국면은 자신이 투구 차례가 오기 바로 전의 시간이며, 실행 국면은 자신이 투구를 하는 시간이다. 마지막으로 휴식 국면은 자신의 투구 후에 휴식 할 수 있는 시간이다.

준비 국면

- 손 말리기
- 신발 밑창 1회 닦기

집중 국면

- 목표한 스폿 응시하기
- 빈 스윙 2회 해보기

실행 국면

- 어깨 내리면서 몸에 힘 빼기

휴식 국면

- 심호흡 1회 하기
- 뒷짐지고 서기
- 테이블 밖으로 잠깐 벗어나기

❷ 심상의 활용

심상은 이미지 트레이닝이라고도 불린다. 즉 투구동작을 머릿속으로 상상하는 것인다. 이때 3인칭 시점에서 자신의 동작을 상상하는 것을 외적 심상이라고 하며, 1인칭 시점에서 자신이 투구시에 보여지는 시야를 상상하는 것을 내적 심상이라고 한다. 이러한 심상은 선명도와 조절력이 중요한데, 선명하고 자세하게 상상할 수록 그 효과가 좋고, 실패보다는 성공했을 때(스트라이크나 스페어의 처리)를 조절하여 상상할 때 효과가 긍정적이다(조성룡, 오승현, 이양주, 2014).

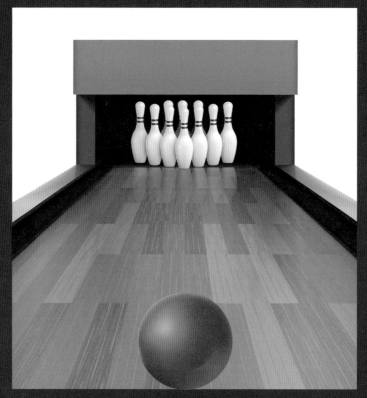

내적심상

❸ 이완의 활용

이완은 근육을 이완시키는 것으로 호흡조절과 함께 신체와 정신의 긴장을 낮추는 역할을 한다. 이중 점진적 이완은 몸의 주요 근육을 긴장시켰다가 천천히 이완시키는 방법인데, 볼링에서 많이 활용된다. 예시로 편안한 상태로 앉아서 눈을 감고 볼링 종목에서 중요한 팔, 어깨, 다리 등의 순서로 5초 긴장, 10초 이완 등을 반복하며 심호흡을 하는 방법이 있다.

외적심상

스페어 처리

❶ 스페어 처리의 원리

투구 동작의 출발점인 스탠스부터 목표한 스폿까지의 길이가 1이라고 하면, 스폿에서 핀까지의 길이는 2가 된다. 따라서 스폿을 중심으로 하여 스탠스와 핀까지의 거리 비율은 1:2 이다.

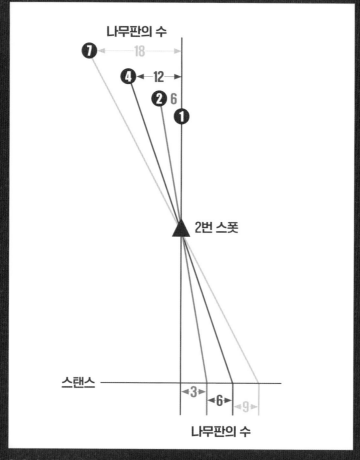

3 : 6 : 9 이론의 원리

❷ 스탠스 이동의 원리

스폿을 중심으로 스탠스 지점과 핀까지의 길이는 1:2의 비율이며, 핀과 핀 사이는 6 쪽의 간격으로 되어 있다. 따라서 스폿을 고정하고 스탠스를 1쪽 옮기면 핀 배열의 지점에서는 2쪽이 옮겨지는 것이다. 이 원리를 실제 핀 배열에 적용해 보면 다음과 같다. 예시로 3번 핀이 키 핀으로 남아있다면 1번 핀과 3번 핀 사이의 간격이 6쪽 이므로 스탠스는 왼쪽으로 3쪽을 옮겨주면 된다. 또한 6번 핀이 키 핀으로 남아 있다면 1번 핀과 6번 핀은 12쪽의 간격이 있으므로 스탠스는 왼쪽으로 6쪽을 옮겨주면 된다. 또한 10번 핀이 키 핀으로 남는 경우 1번 핀과 10번 핀의 간격이 18쪽이므로 스탠스는 왼쪽으로 9쪽을 옮긴다. 이처럼 1번 핀과의 간격에 따라 스탠스를 3쪽, 6쪽, 9쪽 이동하는 방법이 생긴다. 즉 스폿을 기준으로 스탠스와 핀까지의 길이가 1:2의 비율이므로, 1번 핀을 기준으로 남아 있는 핀까지의 간격 나무판 쪽수의 1/2만 반대 방향으로 옮겨 동일한 스폿에 볼링공을 투구하면 스페어가 처리된다.

▶ 1번 핀이 키 핀인 경우

이 경우 스트라이크를 치기 위한 제 1구 때의 스탠스와 같은 지점에서 스폿을 조준하여 볼을 굴린다.

▶ 2번 핀이 키 핀인 경우

2, 4, 5, 7, 8 번 핀이 남아 있는 경우 키 핀은 2번이다. 따라서 2번 핀은 1번 핀과 6쪽 간격이기에 스탠스를 오른쪽으로 3쪽 옮겨 스폿을 목표하여 볼링공을 투구하면 된다.

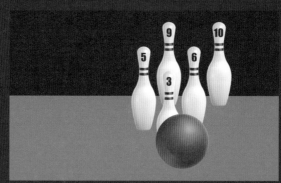

▶ 3번 핀이 키 핀인 경우

3, 5, 6, 9, 10번 핀이 남아 있다면 키 핀은 3번 핀이다. 이는 1편 핀과 6쪽의 간격이기에 스탠스를 왼쪽으로 3쪽 옮겨 목표한 스폿 위로 볼링공을 투구한다.

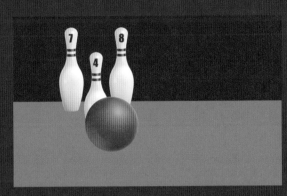

▶ 4번 핀이 키 핀인 경우

4, 7, 8번 핀이 남아 있다면 키 핀은 4번이다. 4번은 핀은 1번
핀으로부터 12쪽 간격이기 때문에 스탠스를 오른쪽으로 6쪽
옮겨 목표한 스폿 위로 볼링공을 투구한다.

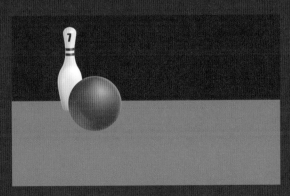

▶ 7번 핀이 키 핀인 경우

7번은 1번 핀과 18쪽 간격이기 때문에 스탠스를 오른쪽으로
9쪽 옮겨 목표한 스폿에 투구한다. 이때 핀은 보지 않고 스폿만
주시하여 투구하면 스페어 처리가 용이하다.

▶ 6번 핀이 키 핀인 경우

6, 9, 10번 핀이 남아 있을 때 6번 핀이 키 핀이다. 이는 1번으로부터 12쪽 간격이기 때문에 스탠스는 왼쪽으로 6쪽 옮겨 목표한 스폿에 볼링공을 투구한다. 하지만 대체로 오른쪽에 남아 있는 핀을 오른손잡이가 처리할 경우 2번 스폿을 목표하는 것에 있어 거터의 불안감을 갖게 된다. 따라서 3번 스폿을 이용하는 것이 안전하다. 이런 경우 2번 스폿에서 3번 스폿으로 기준을 바꾼 것에 대해 스탠스의 이동이 나타나는데, 스폿 하나를 옮길 때 마룻바닥 8쪽을 옮기게 된다. 따라서 1번 핀과 6번 핀의 간격이 12쪽이라는 것에 대한 스탠스 이동인 왼쪽으로 6쪽을 옮기는 것과 2번 스폿에서 3번 스폿으로 기준점을 바꾼 것에 대한 8쪽의 이동을 더해서 총 스탠스를 왼쪽으로 6 + 8 = 14쪽을 옮기게 된다. 이 상태에서 3번 스폿으로 볼을 굴리면 스페어 처리가 용이하다.

▶ 10번 핀이 키 핀인 경우

10번은 1번 핀과 18쪽 간격이기 때문에 스탠스를 왼쪽으로
9쪽 옮겨준다. 하지만 이 경우도 2번 스폿을 겨냥하게 되면 거
터를 하게 되는 불안감 때문에 3번 스폿으로 변경하는 것이 좋
고, 스폿 변경에 의해 8쪽을 추가로 옮겨서 스탠스를 변경하면
된다. 즉 9 + 8 = 17쪽을 왼쪽으로 옮겨서 스탠스를 잡고 3번
스폿을 겨냥하여 볼링공을 투구하면 스페어 처리가 용이하다.
만약 3번 스폿도 불안하여 중앙에 있는 4번 스폿을 이용하고
자 할 때는 추가로 8쪽을 더 옮겨서 17 + 8 = 25쪽을 왼쪽으로
옮겨 4번 스폿에 투구하면 된다.

❸ 스폿 이동의 원리

스탠스를 고정하고 스폿을 이동하는 원리이다. 고정되는 스탠스는 2가지가 있다. 첫 번째는 왼쪽에 있는 핀(1, 2, 4, 7번)이 남았을 때 기존처럼 스트라이크를 칠 때의 스탠스 지점을 기준으로 서는 것이다. 두번째는 오른쪽에 있는 핀(3, 6, 10번)이 남았을 때 10번 핀을 처리하는 스탠스 지점을 기준으로 서는 것이다. 이 원리는 2, 4, 6 공식이라고도 하는데, 왼쪽 핀이 남았을 때 고정된 스탠스에서 키 핀이 2번인 경우 스폿을 왼쪽으로 2쪽 옮기고, 4번인 경우 스폿을 왼쪽으로 4쪽 옮기고, 7번인 경우 스폿을 왼쪽으로 6쪽 옮기기 때문이다. 한편 오른쪽에 핀이 남은 경우에는 10번 핀을 처리할 때의 스탠스에서 키 핀이 6번인 경우 스폿을 왼쪽으로 2쪽 옮기고, 3번인 경우 스폿을 왼쪽으로 4쪽 옮긴다. 오른쪽 스페어는 스탠스를 보통보다 왼쪽으로 옮기고 구질에 따라 스폿을 정하여 처리하고 왼쪽 스페어는 보통 스폿에서 오른쪽으로 이동한다.

Spare
스페어

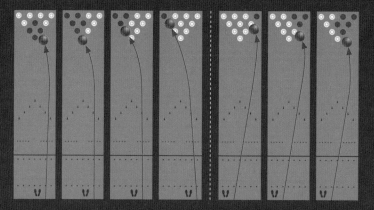

Left
Spare

왼쪽 스페어

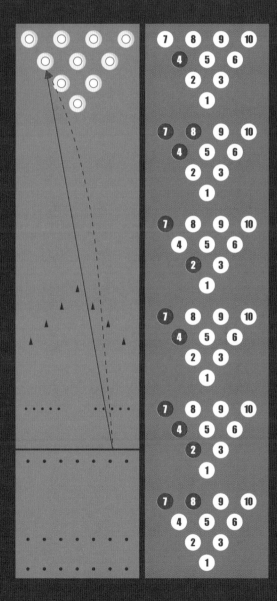

Right Spare

오른쪽 스페어

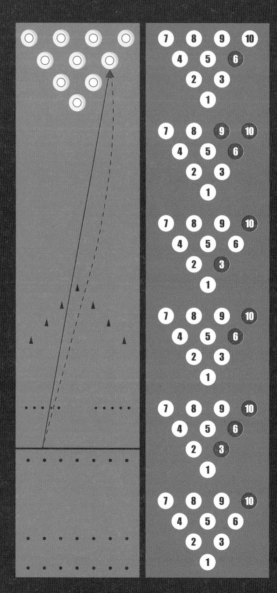

03 / 스플릿* 처리

 ❶ 7, 8, 10번

— 4번 핀을 처리할 때의 방법을 이용한다.

❷ 5, 7번

— 9번 핀을 처리할 때의 방법을 이용한다.

❸ 5, 10번

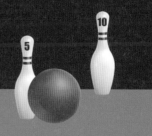

— 8번 핀을 처리할 때의 방법을 이용한다.

*스트라이크를 하지 못하고 남은 핀의 간격이 넓게 벌어져 있는 것

❹ 6, 7, 10번

— 6번 핀 존에서 왼쪽으로 스탠스를 2쪽 옮겨 볼링공을 투구한다.

❺ 4, 7, 10번

— 7번 핀을 처리할 때의 방법을 이용한다.

❻ 1번

— 1번을 키 핀으로 활용하여 1, 3번 존 또는 1, 2번 존으로 처리하는지 판단하여 선택한다.

04

레인 해석과 연습 투구

좋은 성적을 내기 위해서는 레인의 컨디션을 항상 판단해야 한다. 공식 경기에서는 왼쪽과 오른쪽 레인에서 1프레임의 연습 투구 기회를 주고 있다. 따라서 왼쪽 레인의 제 1구는 7번 핀을 겨냥하여 투구하고 제 2구에서는 1번 핀을 겨냥하여 투구한다. 오른쪽 레인에서의 제 1구는 10번 핀을 겨냥하여 투구하고 제 2구에서는 1번 핀을 겨냥하여 투구한다. 이는 제 1구에서 스트라이크로 인해 연습 투구의 기회를 잃게 되는 것을 방지하기 위함이다.

연습 투구 시에는 볼링공에 레인의 정비 기름이 얼마나 묻어 나오는지 관찰하고, 현재 상태에서 볼링공이 굴러가는 자국을 살펴보며, 볼링공이 전체 원둘레 길이의 약 3/4 정도를 구르는 세미 롤링이 이루어졌는지 점검하여 종합적으로 레인을 해석한다. 연습 투구 시에는 볼링공을 전력으로 투구하지 않고, 80% 정도의 힘으로만 투구하면서 레인의 정비 상태를 점검해야 한다.

연습투구의 방법

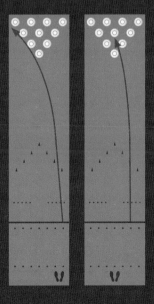
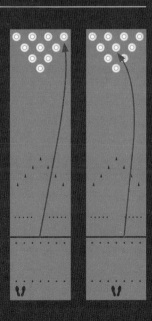

❶ 이븐 정비 (Even condition)

오일존에 오일이 균등하게 도포되어 있는 패턴으로 시합용으로 많이 사용된다. 하지만 시간이 지나면 중앙 부위의 기름이 마르게 되므로 레인의 중앙 부위에서 대각선으로 앵글을 선택해야 한다. 즉 경기의 운영은 기름의 증발 상태를 잘 관찰하여 사용되지 않는 스폿을 이용하도록 한다.

레인의 해석

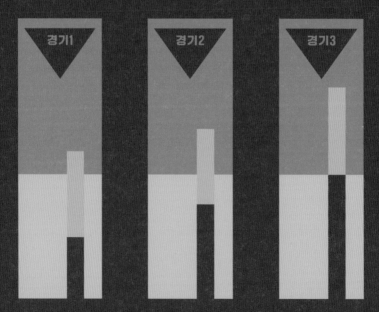

❷ 블록 정비 (Block condition)

양쪽 끝에는 오일이 거의 없고 나머지 지역에 균등하게 분포되어 있는 패턴이다. 일반적으로 센터에서 자주 사용하는 정비 패턴이다. 여기서는 이븐 정비 상태와 동일하게 실시하되, 어깨를 오른쪽으로 조금 오픈시키거나, 오른쪽으로 1~2쪽 이동하여 경기한다. 기름이 중앙 부위에 과도한 경우 레인의 우측을 이용하기도 한다.

❸ 스윙의 속도 조절

기름이 많은 레인일수록 스윙 속도를 늦춘다. 레인에 기름이 많은 경우 강도가 낮은 소프트 볼을 사용하여 레인과의 마찰을 크게 하고, 레인이 건조할 경우는 스윙의 속도를 빠르게 한다.

❹ 기타

레인에 형성된 기름은 시간이 지나면서 마르게 되고, 투구 수에 따라 변화된다. 또한 오일이 없었던 브레이크존에 볼링공이 지나가면서 브레이크존에 기름이 묻기도 한다. 상대적으로 왼손잡이 투구가 적기 때문에 왼손 투구의 오일은 그 변화량이 적다. 이러한 레인 위의 오일의 상태와 변화를 파악하는 것은 중요하다.

Chapter 10

대회 준비

대회 종류 및 신청방법

일반인이 참여할 수 있는 볼링대회는 매우 다양하며 대한볼링협회 공식 웹사이트(www.bowling.or.kr)의 '생활체육대회' 부문에서 정보를 얻을 수 있다.

어르신볼링페스티발, 문화체육관광부장관기 생활체육 대회, 대한체육회장배 생활체육 대회, 대한볼링협회장기 생활체육 대회, 전국생활체육대축전, 볼링 스포츠클럽리그 전국 최강전 대회 등 많은 대회가 있다. 최근 몇 년간은 코로나19로 인해 많은 대회들이 정상적으로 열리지 못했으나, 지역 볼링장 내에 상주해 있는 클럽에 가입하면 대회에 관한 정보를 얻을 수 있고, 출전 신청을 위한 도움도 받을 수 있다. 한 볼링 전문 매체에 따르면, 2021년 2월 기준 전국에 운영 중인 볼링장은 약 1,000곳으로 집계된다. 볼링매니아, 볼링팩토리, 네이버 볼링 동호회, KTBC 한국 투핸드 볼링 클럽 등의 네이버 카페 등 온라인 볼링 커뮤니티를 통해서도 다양한 대회 정보를 확인할 수 있다.

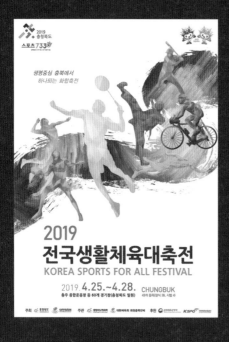

❶ 손목 보호대

아대. 볼링을 좀더 편안하게 할 수 있도록 도와주는 도구로 필수적인 준비물은 아니다.

---

❷ 볼링화

볼링화를 신지 않을 때는 습기가 없는 곳에서 관리해야 하고, 볼링 레인을 벗어나는 일이 생길 경우는 다른 신발로 갈아신고 이동한다.

---

❸ 개인 볼링공

공의 무게는 16파운드(약 7.2kg), 원둘레는 27인치(68.58cm)를 초과할 수 없다.

---

❹ 로진

수분을 흡수하여 손에 점성을 생성시킴으로 미끄러짐을 방지한다.

---

❺ 퍼프볼

땀을 흡수하는 용도로 손이 건조한 상태를 유지하게 한다.

❻ 핑거 테이핑

엄지나 중지 그리고 약지의 손가락에 붙여 릴리스 타이밍을 조절하는 타이밍 테이프, 홀의 너비를 조절하는 인서트 테이프가 있다.

---

❼ 볼링공 클리너

볼 표면의 오일과 이물질을 제거하는 액체로, 오일만 제거하는 느낌으로 가볍게 닦는 것이 좋다.

---

❽ 볼링공 타올

볼 표면의 이물질을 닦는 용도로, 공에 스크래치를 주지 않는 부드러운 재질로 만들어져 있다. 매 투구마다 묻은 오일을 닦아내면서, 공에 묻은 자국을 보고 자신이 원하는 방법으로 투구했는지 확인할 수 있다.

---

❾ 볼링 복장

유니폼 상단부터 하단까지 단추를 채우게 되어있는 칼라 티셔츠 유니폼은 하의 외부로 노출을 해도 되며, 슬릿넥은 하의 안으로 집어넣어야 한다.

대회 당일 확인할 것

❶ 컨디션 조절

오늘 자신의 건강과 심리 상태가 어떤지 스스로 확인한다. 컨디션이 좋지 않은 경우 무리해서 경기를 진행하지 않도록 한다.

---

❷ 준비물 확인

손목보호대, 볼링화, 볼링공, 로진, 퍼프볼, 핑거 테이핑, 볼링공 클리너, 볼링공 타올, 볼링복장 등 개인 준비물을 다시 한 번 확인한다.

---

❸ 긴장 풀기

대회에서 경기에 나설 때 긴장하여 평소 실력을 발휘하지 못하는 경우가 많다. 긴장을 푸는 방법은 여러 가지가 있지만 자신만의 루틴을 수행하며 마음을 가다듬거나 상대 선수가 자신보다 약한 하수라고 생각하며 경기에 임하는 것도 두려움, 긴장을 줄여주는 방법이 될 수 있다.

---

❹ 이미지 트레이닝

자신보다 앞서, 먼저 경기하는 선수들의 플레이를 보며 마치 자신이 경기를 하는 것처럼 이미지 트레이닝하면 대회와 경기장의 분위기에 조금 더 빨리 적응할 수 있다.

04

볼링 10계명

1 라인 이미지 트레이닝

2 볼링공 투구 전 호흡

3 첫 번째, 두 번째 스텝 자연스럽게 걷기

4 일정한 리듬으로 어프로치

5 어프로치 시에 신체가 흔들리지 않도록 균형 잡기

6 일정한 릴리스 타이밍 구사

7 다른 사람의 투구에 신경 쓰지 않기

8 끝날 때까지 끝난 것이 아니라는 마음가짐 유지

9 몸의 중심축을 형성하여 스윙

10 올바른 스윙에 타이밍과 균형 맞추기

10 COMMANDMENTS IN BOWLING

서동휘

서울대학교 체육교육과에서 연구원으로 활동하고 있다. 2018년에 볼링을 처음 접하고, 사계절 내내 실내에서 편하게 즐길 수 있다는 매력에 빠져 볼링을 시작하게 되었다.

- **현** - 서울대학교 체육교육과 인간운동과학 전공 연구자
  남수원중학교 체육교사
- **전** - 전북대학교 체육교육과 강사
- **2021** 서울대학교 체육교육과 인간운동과학 전공 박사수료
- **2020** 북미스포츠심리학회(NASPSPA) student scholarship 수여
- **2019** 북미스포츠심리학회(NASPSPA) 운동학습 제어 부문,
  Outstanding Student Paper Award 수상
  서울대학교 체육교육과 석사 졸업
- **2017** 학교체육활성화 표창(경기도 수원교육지원청 교육장)
  권선중학교 체육교사 근무
- **2014** 한울고등학교 체육교사 근무
- **2013** 중등학교 정교사 2급 (체육, 수학) 자격증
  전북대학교 체육교육과, 수학교육과 졸업

임결의

- **2016** 볼링 국가대표 상비군
  볼링 마스터즈 금메달
  볼링 대통령기 개인전 금메달
- **2014** 볼링 청소년 국가대표
- **2013** 볼링 청소년 국가대표

박민수

- 현 -	대구 북구청 볼링 선수
2 0 1 7	볼링 체육회장기 개인전 금메달
2 0 1 0	한국체육대학교 졸업
2 0 0 8	볼링 국가대표 상비군
2 0 0 7	볼링 국가대표

서혜진

서울대학교 체육교육과에서 연구원으로 활동하고 있으며, 인간의 효율적인 퍼포먼스 향상 및 운동 적응에 관한 연구를 주로 이어가고 있다. 볼링은 뚜렷한 목표물을 맞추는 스포츠로 강한 성취감을 느낄 수 있으며, 도전 정신을 불러일으킬 수 있는 최고의 스포츠라고 생각한다.

- 현 -	서울대학교 체육교육과 인간운동과학 전공 박사과정
	서울대학교 체육교육과 시간강사
2 0 2 0	한국스포츠심리학회 우수논문상 수상
2 0 1 6	포항시 체육회 감사패 수상
	중등학교 정교사 2급 자격증
2 0 1 3	인제대 백병원 정형외과 운동처방사 근무
2 0 1 2	미국 University of North Carolina at Greensboro,
	스포츠 의학 전공

정재욱

볼링은 심리적 요인들이 최상의 퍼포먼스에 결정적인 영향을 미치는 스포츠이다. 본 책에서는 높은 스코어를 위한 체계적인 운동기술, 학습법뿐만 아니라 즐겁고 건강한 여가 활동을 위한 심신의 조화로운 발전 이루고자 스포츠 심리학, 운동제어, 운동학습 영역의 내용들을 담고자 하였다.

- **- 현 -**   서울대학교 체육교육과 강사
  서울대학교 체육교육과 박사과정
- **2 0 2 1**   한국스포츠심리학회 우수논문상
- **2 0 1 7**   2급 생활 스포츠지도사
- **2 0 1 5**   서울대학교 체육교육과 석사 졸업
- **2 0 1 4**   스포츠멘탈코치 자격증
- **2 0 1 3**   서울대학교 체육교육과 학사 졸업
  스포츠심리상담사 자격증(3급)
  아동운동발달지도자 자격증
  중등 정교사 2급 (체육) 자격증

조신의

- **- 현 -**   전주남중학교 교사
- **2 0 1 9**   2019년 서울대학교 체육교육과 석사 졸업
- **2 0 1 7**   2017년 전북대학교 스포츠과학과 학사 졸업

0 1   강신복, 1998, 현대스포츠시리즈-5.

0 2   김병현, 2007, 양궁선수들의 시합 전·시합 중 프리슈팅 루틴프로그램 개발. 한국스포츠심
리학회지, 18(3), 119-143.

0 3   정청희, 구우영, 권성호, 김병준, 김영숙, 김영호, 황진, 2009, 스포츠심리학. 서울: 레인보
우북스.

0 4   조성룡, 오승현, 이양주, 2014. 심리기술훈련이 여자 실업팀 볼링선수의 스포츠심리기술
과 경기력에 미치는 영향. 코칭능력개발지, 16(2), 175-187.

0 5   Abdollahipour, R., Valtr, L., & Wulf, G, 2019. Optimizing bowling performance.
Journal of Motor Learning and Development, 8(2), 233-244.

0 6   Tetsuro, M, 1998. Bowling power book. Seoul, South Korea: SAM-HO Media.

시작해!!
볼링

초판 1쇄 펴낸 날 ｜ 2022년 5월 13일

지은이 ｜ 서동휘, 임결의, 박민수, 서혜진, 정재욱, 조신의
펴낸이 ｜ 홍정우
펴낸곳 ｜ 브레인스토어

책임편집 ｜ 김다니엘
편집진행 ｜ 차종문, 박혜림
디자인 ｜ 참프루, 이예슬
마케팅 ｜ 육란

주소 ｜ (04035) 서울특별시 마포구 양화로 7안길 31(서교동, 1층)
전화 ｜ (02)3275-2915~7
팩스 ｜ (02)3275-2918
이메일 ｜ brainstore@chol.com
블로그 ｜ https://blog.naver.com/brain_store
페이스북 ｜ http://www.facebook.com/brainstorebooks

등록 ｜ 2007년 11월 30일(제313-2007-000238호)